ANNALES HISTORIQUES

DU COMTÉ DE

NEUCHATEL ET VALANGIN

DEPUIS JULES-CÉSAR JUSQU'EN 1722

PAR

JONAS BOYVE

Pasteur de l'église de Fontaines

ET JEAN-FRANÇOIS BOYVE

son neveu, maire de Bevaix

PUBLIEES POUR LA PREMIÈRE FOIS AVEC UN AVANT-PROPOS ET QUELQUES ANNOTATIONS

PAR

GONZALVE PETITPIERRE

Ancien député à l'Assemblée fédérale suisse

SUPPLÉMENT

CONTENANT QUELQUÉS NOTES BIOGRAPHIQUES SUR LE
PASTEUR BOYVE ET SA FAMILLE

AINSI QUE LA

TABLE ANALYTIQUE DES MATIÈRES

renfermées dans les cinq volumes de l'ouvrage

BERNE

SOCIÉTÉ LITTÉRAIRE (F.-L. DAVOINE)

1861.

La livraison des *Annales historiques sur Neuchâtel* qui paraît aujourd'hui, est le complément de la tâche que je m'étais imposée en exhumant de la poussière de la bibliothèque publique de Neuchâtel pour la livrer à l'impression une œuvre d'une aussi longue haleine.

L'invitation que j'avais adressée, lors de l'envoi du dernier volume de cet important ouvrage, à toutes les personnes possédant des renseignements, de quelque nature qu'ils fussent, sur l'auteur des *Annales* et sa famille, de bien vouloir me les transmettre, afin de pouvoir reproduire autre chose qu'une récapitulation de dates, cette invitation n'a point eu malheureusement le résultat que j'en attendais. Deux seuls de mes concitoyens, l'un magistrat jouissant d'une considération bien méritée, l'autre appartenant au clergé, ont bien voulu me communiquer quelques notes que je livre à l'impression à peu près telles qu'elles me sont parvenues, mais qui ne comblent que très imparfaitement une lacune que je suis pour mon compte le premier à déplorer. Cette lacune, il m'aurait probablement été facile d'y remédier d'une manière satisfaisante, si la mort récente d'un personnage marquant, M. le comte de Henckel, qui avait recueilli de très nombreux matériaux sur le Pays de Neuchâtel et les hommes qui l'ont illustré, et dont j'avais réclamé indirectement le bienveillant concours, en m'enlevant un dernier espoir, ne m'avait contraint à ne pas différer davantage la publication complémentaire du travail ardu, mais essentiel, que j'avais entrepris, savoir la *Table analytique des matières*, attendue sans doute avec impatience par les possesseurs du texte de l'ouvrage.

Ceux-ci comprendront bien les raisons pour lesquelles, pénétré que je suis de la nécessité de clore enfin cette publication, je me trouve dans l'obligation, en ce qui concerne la Biographie de l'auteur des *Annales*, de me borner à peu près à la simple reproduction de ces notes et d'un fragment de l'ouvrage sur l'*Indigénat helvétique*, dont l'auteur, M. Jérome Boyve, a consacré dans sa Préface quelques lignes aux patientes recherches historiques de son grand'oncle, le pasteur de Fontaines.

Quant à la *Table des matières* elle-même, qui se trouve à la suite des notes biographiques, et qui comporte en quelque sorte à elle seule un Résumé de l'histoire neuchâteloise jusqu'à l'époque où le ministre Boyve a dû arrêter son intéressante chronique, elle est en partie l'œuvre de l'auteur lui-même, en partie l'œuvre de celui qui écrit ces lignes. Telle qu'elle est dressée, elle se prêtera facilement à toutes les investigations auxquelles on voudra se livrer.

Si Dieu me prête vie, j'espère pouvoir consacrer mes dernières années à la continuation de l'œuvre méritoire si laborieusement édifiée par deux membres de la famille Boyve. Le loisir que me laisse aujourd'hui mon complet éloignement des affaires publiques d'un pays que j'ai eu l'honneur de représenter dans les Conseils du canton et de la Confédération, me permettra, j'aime à le croire, de ne pas laisser à l'état de stérilité ce projet qui me sourit à tant d'égards. Dans cette éventualité je serai fort reconnaissant envers tous ceux qui voudront bien me faciliter cette nouvelle tâche, en me fournissant des données, quelles qu'elles soient, sur le développement de la vie neuchâteloise, essentiellement pendant le siècle dernier. Quant à l'époque contemporaine, elle pourra être abordée plus convenablement par des écrivains qui, n'ayant pas joué de rôle dans les événements qui l'ont signalée, sauront donner à l'exposition des faits et à leur appréciation un caractère d'impartialité dont ne seraient guère susceptibles ceux qui se sont trouvés mêlés, de près ou de loin, aux péripéties de cette époque.

Berne, le 25 Août 1861.

GONZALVE PETITPIERRE.

EXTRAITS D'UN MANUSCRIT INTITULÉ:

LIVRE CONTENANT LES CHOSES LES PLUS CURIEUSES ET REMARQUABLES ARRIVÉES
DANS NOTRE FAMILLE (BOYVE) ET DANS L'ÉTAT, DÈS L'AN 1676.

En Juin de cette année 1676, je fus créé notaire après avoir été examiné par M. le Chancelier de Montmollin. Je montai au château avec mon père et mon frère Jonas(*), où M. le Gouverneur d'Affry m'en donna le serment. J'étais âgé de 16 ans et 8 mois. Dieu me fasse la grâce de bien exercer cette charge au contentement de tous ceux que je servirai. (L'écrivain est Abram Boyve, notaire, né en 1660, mort en 1699. Il était fils d'Abram, ministre à St. Blaise et frère de Jonas, pasteur à Fontaines et auteur des Annales.)

En Septembre 1683 mon père quitta la cure de St. Blaise, pour aller à St.-Martin; il eut mon frère (Jonas) qui était ministre aux Ponts pour collègue, et il eut même la survivance de cette cure.

Le dernier jour de Septembre 1683, Judit Pury, ma belle-mère, mourut après avoir longtemps tenu le lit pour aucune maladie, mais pour des faiblesses de la vieillesse; elle mourut âgée de 74 ans et 4 mois, après avoir été mariée avec mon père pendant 21 ans. Ils n'eurent aucun enfant ensemble.

Le 13 Mars 1684, Dieu m'ayant appelé au saint état de mariage avec Marguerite, fille du sieur maître-bourgeois Jacques Chaillet et de dame Marie Junod, je fis mes fiançailles avec elle. Il y avait de mon côté mon père, mon frère, le beau-frère Mellier, le neveu François Tissot, et du sien, son père étant mort, il n'y avait que son oncle Jonas Chaillet, son beau-frère Jean-Jacques Péter, mari de sa sœur Susanne-Marie, ses cousins Jacques Faverger, Jonas-Antoine Pury et Henri-François Duperron, mari de ses propres cousines germaines.

Le 22 Avril 1684 fut le jour de mes noces; je m'épousai à St. Martin, et M. Rognon, ministre à Fontaines, bénit mon mariage. Nous étions allés à cheval et nous revinmes le lendemain.

Le pénultième jour de Septembre 1684, Dieu a appelé à soi mon cher père, ministre à St. Martin . . . . . Il a prêché pendant 42 ans, et sa première cure fut Bolle, Travers, Cornaux, St. Blaise; et St. Martin fut sa dernière. Il a été enseveli dans l'église, proche de feu mon oncle Jacob Boyve, aussi mort ministre à St. Martin, son frère ainé. Il a laissé cinq enfants de Marie Faverger, fille du sieur Jonas Faverger, receveur, à savoir: Antoina, mariée à Gabriel Mellier, Louise, à Daniel Prince, Anne-Marie, à J.-J. Tissot, ministre

---

(*) L'auteur des *Annales*.

à Cour, Jonas Boyve, qui lui a sucédé à St. Martin et moi, Abram Boyve, qui fut cadet.

Le 5 Août 1692, Dieu m'a béni d'un fils entre 10 et 11 heures devant midi, sur le signe de la Balance ; il fut présenté au baptême le vendredi suivant, et un ministre réfugié, nommé Gress, lui administra le St. Sacrement du baptême; son nom est Jacques-François, ses parrains; noble François Chambrier, maître bourgeois, le sieur David Rollin, boursier, et le sieur Abram Mouchet; et ses marraines: dame Susanne Hory, veuve du sieur Jonas Chaillet, oncle de ma femme, et Sara, fille du cousin Jacques Faverger. Dieu lui donne son bon esprit et lui baille la crainte de son nom.

(Le 7 Mai 1699, Abram Boyve, l'écrivain ci-dessus, mourut. — Le livre des Éphémérides de la famille fut tenu par son fils Jacques-François).

En Mai 1712 mon oncle Jonas Boyve, pasteur à Fontaines fut élu à la générale assemblée de Messieurs les ministres, pour en être le doyen, c'est la seconde fois qu'il l'a été. — «(Omis à sa place)» le 16 Juillet 1709 Mlle Béatrix Boyve, seconde fille de mon oncle Jonas le ministre, qui avait épousé Théodore Guerre, bourgeois de Genève et de Bienne, opérateur à l'Isle à Berne, est accouchée d'un fils. Le mariage de ma cousine avait été béni en 1705. (Elle est morte en 1730 près de Bâle).

En Juin 1713 s'est mariée la cousine Anne-Barbely Boyve, fille de mon oncle Jonas Boyve le doyen, avec un M. Emery, anglais. (Ils sont morts en Irlande sans postérité.)

En Septembre 1713, mon oncle Jonas Boyve, pasteur à Fontaines, remontant un jeudi au soir chez lui depuis Neuchâtel, son cheval s'effaroucha tellement de quelques peaux de boucs qu'un boucher portait, qu'il ne voulut ni avancer ni reculer ; de sorte que mon oncle le voulant presser avec l'éperon, le cheval se précipita en bas les roches du Seyon, un peu plus bas que le chemin neuf, en allant à Valangin à l'endroit le plus étroit; son cheval fut tué roide, la selle en mille pièces, le collet déchiré; et par la grâce de Dieu mon oncle n'eut pas la moindre égratignure, ce que chacun a regardé comme un miracle que Dieu fit en sa faveur.

Le 9 Mars 1715, je fus créé notaire, etc., etc.

Le 12 Décembre 1739, à 11 heures du soir, Dieu a retiré à soi mon oncle Jonas Boyve, pasteur de l'église de Fontaines, âgé de 86 ans. Il était l'aîné de feu mon père, de six ans, et il a vécu quarante ans plus que lui. Il était grand théologien, encore plus grand historien. Il a fait l'histoire du Comté de Neuchâtel en trois volumes in-folio, écrit et décrit de sa main; la grosseur de ces volumes n'a pas permis de mettre cet ouvrage sous la presse. Il a desservi l'église durant soixante sept ans, ayant reçu l'imposition des mains à l'âge de 19 ans, et il a prêché et desservi lui-même l'église jusqu'à deux ans avant sa mort, qu'il reçut un suffragant. Il a été plusieurs fois doyen de la vénérable classe. Il était né le 13 Juin 1654.

En Septembre 1746, le 18, est mort mon cher cousin germain Abram Boyve (fils du Doyen Jonas), pasteur de l'église des Verrières. Il était né en Août

1684. Il était grand théologien, et un des plus savants prédicateurs de son siècle. Il a rencontré pendant sa vie bien des contradictions et des ennemis; cependant il en a toujours triomphé: c'est le fort de ceux de notre famille. Il a été pasteur des églises de Bevaix, d'Engollon, de Dombresson et enfin des Verrières. Il aurait mérité la première chaire de l'Etat, si l'envie ne lui avait donné autant d'ennemis qu'il aurait mérité d'amis.

J'ajoute aux fragments ci-dessus, que la carrière du pasteur Jonas Boyve paraît avoir été celle d'un homme très-laborieux, mais occupé exclusivement soit de ses fonctions pastorales, soit des recherches historiques qui ont eu pour résultat l'élaboration des *Annales*. Néanmoins, ayant vécu à l'époque si agitée pour le pays de l'extinction de toutes les branches des anciens princes de Neuchâtel, il aurait montré une sympathie décidée soit pour les prétentions du prince de Conti soit pour celles du comte de Matignon. Voici du moins, indépendamment d'une autre source, ce qu'on lit à cet égard dans l'*Histoire de Neuchâtel et Valangin* de M. Godefroi de Tribolet (page 40):

«La sentence du 3 novembre 1707 n'avait pas éteint toute intrigue. Le «ministre Boyve, pasteur à Fontaines, fut dénoncé par ses paroissiens, comme «suspect de relations secrètes avec un nommé Abram Nicolet, de Renan, pen-«sionné par l'ambassade de France.»

Je ne sache pas que les Archives de la Vénérable Classe contiennent rien au sujet des vues qui ont été prêtées à M. Jonas Boyve, pas plus qu'à l'égard de l'imputation ci-dessus de l'auteur de l'*Histoire de Neuchâtel*. Ce que l'on sait, c'est que la sentence des Trois Etats qui, en 1707, adjugea la souveraineté de Neuchâtel à la maison de Prusse, ne fut pas accueillie également par toutes les familles notables du pays. Toutefois l'opposition de la famille Boyve ne paraît pas avoir eu des racines bien profondes.

Le *Messager boiteux de Neuchâtel* de l'année 1859, dans un article sur Fontaines, au Val-de-Ruz, qui est attribué à M. le doyen de Gélieu, actuelle-ment pasteur de cette paroisse, rappelant la réputation que vient de s'acquérir l'auteur des *Annales* par la publication de son volumineux travail historique, dit qu'il fut pasteur à Fontaines de 1705 à 1739 et que ce fut là qu'il acheva ses *Annales* commencées à St. Martin où il avait été pasteur de 1682 à 1705. Ses armoiries se voient encore aujourd'hui peintes sur un des vitraux du temple de Cernier.

G. P.

EXTRAIT DE LA PRÉFACE DE L'OUVRAGE INTITULÉ:

RECHERCHES SUR L'INDIGÉNAT HELVÉTIQUE DE LA PRINCIPAUTÉ DE NEUCHATEL ET VALLANGIN, RECUEILLIES ET MISES EN ORDRE PAR JÉROME-EMMANUEL BOYVE, CONSEILLER D'ÉTAT ET CHANCELIER DE S. M. LE ROI DE PRUSSE EN CETTE PRINCIPAUTÉ.

Les Annales de Neuchâtel et Vallangin, travaillées par mon grand-oncle Jonas Boyve, mort en 1739 ministre à Fontaines, comprennent l'histoire la plus complète que nous ayons de ce pays. Elles devoient être rendues publiques du vivant de l'auteur; mais l'étendue de l'ouvrage, qui est de trois gros volumes in folio, et les frais de l'impression l'en rebutèrent. Cette histoire auroit besoin des attraits du style, et de diverses autres perfections qui lui manquent; mais elle ne cesse pas pour cela d'être très-précieuse, par les étonnantes recherches diplomatiques de son auteur infatigable, qui pendant plus de 40 ans fouilla par tout l'État dans les dépôts publics et chez les particuliers, pour acquérir la connaissance de tous les actes et titres qui pouvoient servir à son travail. Mon père Jacques-François Boyve, maire de Bevaix, mort en 1771, travailla à la fin de sa vie à la perfection de cet ouvrage, par une copie de sa façon qu'il a eu la satisfaction de finir avant sa mort. Il en est résulté assurément plusieurs bonnes corrections; n'y eût-il que les matières de jurisprudence et surtout de droit féodal, qu'il s'est entièrement appropriées, et qu'il a traitées dans le troisième volume en particulier, avec autant de solidité que d'érudition. Mais ni plus, ni moins, faudroit-il encore passer cet ouvrage par quelque bon tamis, qui achevât d'en épurer le langage et d'en resserrer le style, et qui à l'égard des faits, ne retînt que la chaîne historique, en laissant couler toutes les particularités incohérentes, dont celles dignes de mémoire formeroient des notes, placées les unes au bas du texte, et les autres à la fin du volume; où l'on renverroit aussi les actes et autres pièces justificatives qni arrêtent trop le fil de la narration. De cette manière, cet ouvrage en lui-même si intéressant, deviendroit présentable au public; et il n'est pas douteux, qu'il n'en résultât la plus grande utilité dans un pays comme celui-ci où l'ignorance et les ténèbres de l'histoire ont si souvent servi d'aliment à des difficultés qui en ont troublé le repos et le bonheur. Après tout, ce travail ne seroit pas bien difficile, le principal est fait; il ne faudroit qu'un peu de résolution et de persévérance. Que ne suis-je à même d'y encourager par mon invitation et par mon secours tant de mes compatriotes qui seroient capables de cette entreprise. *)

---

*) J'ai expliqué dans l'Avant-Propos, qui figure en tête de l'ouvrage, les raisons qui m'ont engagé à publier le manuscrit des *Annales*, à peu près dans son intégrité primitive.

(*Note de G. Petitpierre.*)

ARBRE GÉNÉALOGIQUE DE LA FAMILLE BOYVE.

PIERRE BOIVE
de Lyon, s'établit à Gex, duché de Bourgogne.

BERNARD BOYVE
bourgeois de Gex en 1450.

ANTOINE
né à Gex en 1487 accompagne Farel à Neuchâtel et s'y fixe.
Reçu bourgeois de Neuchâtel en 1531.

Esaïe
né en 1536. Châtelain et receveur de Prangins.

Abram
né 25 Juillet 1566.

Isaac
né en 1579, mort en 1645, pasteur aux Brenets, Boudry, Sagne, Chaux-de-Fonds;
ép. 1° Hérault fille du past. de Valangin, 2° L. de Bullet, d'Yverdon.

Samuel
né en 1621 † 1695
pasteur à Dombresson;
ép. N. Fabry.

Abram
né en 1623 † 1684
ministre à St-Martin et à St-Blaise;
ép. 1° Marie Favergier,
2° Judit Pury.

Jacques
né † 1670
ministre
à St-Martin.

Esaïe
né 1612 † 1686
pasteur
à Bevaix.

Isaac
né † 1712
past. à la Chaux-de-Fonds.

Jonas
né 1654 † 1739
pasteur à Foutaines, auteur des Annales;
ép. Esther Pury.

Anne-Marie
ép. Tissot, past. à Cour.

Louise
née 1649 † 1735
ép. Daniel Prince marchand à St-Blaise.

Antoinette
née 1644 † 1718
ép. Mollier receveur de Boudry.

Abram
né 1660 † 1689
notaire et du Grand-Conseil;
ép. Mlle Chaillet.

Samuel.

N...
ép. 1° Fabry
2° N. Rognon
conseiller d'État
en 1728.

Isaac
né † 1728
capit. en France
dans le régiment
d'Affry.

N...
né †
capitaine en
France.

Jérémie
né † 1792
lieut. en France
dans le régiment
de May.

Frédéric
né .....
capitaine dans le
régiment d'Affry.

Anne-Barbe
ép. Emery, anglais.

Abram
né 1694 † 1746
ministre à Bevaix,
Engollon, Dombresson et Verrières;
ép. N. Favarger.

Béatrix
ép. en 1705
N. Guerre de Genève, chirurgien.

Marie
née 1638 † 1762
ép. Perrot,
pasteur,

Jacques-François
né † 1771
avocat à Berne et
maire de Bevaix;
ép. A. M. Legoux.

Susanne-Marguerite
née 1695 † 1755.

Marguerite
née † 1773
ép. Henri Pury
maître-
bourgeois.

Jonas-Pierre
né 1724 † 1794
officier en Hollande et banneret
de Neuchâtel;
ép. Esther Pury.

Victoire
née 1733; ép. Béat
de Tavel en 1771.

Henriette
née 1725 † 1755.

Jérôme
né 1731 † 1810
conseill. d'État et chancelier.
Anobli en 1786;
ép. en 1767
Louise Viala.

Marianne.

Susanne-Marguerite née 1724
† 1781; ép. Vernier
de Berne, chirurg.
en Hollande.

Marie-Henriette
née 1772; ép.
J. L. Pourtalès
du
Grand-Conseil.

Paul
né 1775, vit encore
à Paris, négociant;
ép. Henriette
Ducommun.

Nanette
née † 1852.

Eugène
né † 1852
employé aux
finances à Paris;
ép. en 1838 Sara
Tawkes, an-
glaise.

Elisa
née en 1812.

Edouard
né en 1839, négo-
ciant à Paris.

NB. Quelques branches collatérales, actuellement éteintes, ont été élaguées de cet arbre.

TABLE ANALYTIQUE

DES PRINCIPALES MATIÈRES CONTENUES DANS LES CINQ VOLUMES

DES

ANNALES DE BOYVE.

A

ABBAYE. De Bellelay, fondée en 1150. De St-Gall, 630. De Hauterive, 1098. De Fontaine-André (v. ce nom). De l'Ile de St-Jean (v. ce nom). De St-Maurice, 804. De St-Blaise, donnée à l'évêque de Bâle, 1025. De Haut-Crêt, 1134. De Truebe, 1547. De Thela ou Montheron, 1115.

ABBAYES. De qui elles dépendaient. On les donnait en commande, 858.

ABBÉS. Leur origine, 858. Laïques, 871. De Fontaine-André, 1139, 1151, 1489, 1502, 1530. De St-Jean et de Frienisberg. Obtiennent de Jean d'Arberg plusieurs Faux de terre par accensement, 1484.

ABBÉ. De Frienisberg, envoyé par le pape et sa réponse au pape, 1251. De Bevaix, 1530. Il remet les titres de son monastère au Prince, 1531. D'Orléans (v. *Jean-Louis-Charles*).

ABONNÉS. Dîmes des Verrières abonnées, 1592.

ABRÉGÉ. Des Audiences assemblées, 1551.

ABRÉVIATION. De la justice, 1580.

ABRI. La manière de le faire, 1593, 1654. Accordé aux bourgeois forains, 1618. Acte de ces abris, 1618. Des grains, 1651, etc. Donné à Neuchâtel et refusé, 1694. Donné à Neuchâtel, 1699. Aux habitants du Val-de-Ruz, 1701.

ABDERHAM. Vaincu, 729.

ABERGEANTS. (Voir *Habergeants*.)

ABONDANCE. 1097, 1275, 1289, 1296, 1333, 1393, 1397, 1420, 1428, 1429, 1433, 1437, 1442, 1453, 1461, 1473, 1475, 1483, 1484, 1497, 1499, 1500, 1503, 1514, 1518, 1519, 1520, 1539, 1540, 1546, 1550, 1551, 1553, 1578, 1584, 1605, 1613, 1616, 1645, 1647, 1659, 1694. — De vin mais non de grain, 1153,

1201, 1372, 1484, 1504, 1508, 1631, 1632, 1719. De grain mais non de vin, 1492, 1493, 1495, 1505, 1507, 1516, 1637.

ABSCHEID. 1530, 1576, 1584.

ABSENCE. De sept ans d'un mari, pris pour un divorce, 1691.

ABSENT. Du pays réputé vivant pendant cent ans, 1689.

ABUS. Des justices corrigées, 1570.

ABZUG. Ou droit d'aubaine, 1617.

ACCENSEMENT. Des terres, 420. D'une vigne, 1292. Pour diverses denrées, 1214, art. 19. Ils sont des fiefs, 1214, art. 19. Le premier qui est fait aux Montagnes. Du comté de Valangin, 1303. Le seigneur de Colombier accense des terres, 1346. Des prés de la Ronde-Fontaine, 1382. Chaque particulier peut accenser, 1400. Un muid de froment accensé, 1411. D'une terre auprès de la Ste.-Croix, 1412. D'un bois à la Sagne, 1422. Permission d'accenser, 1464. D'un pré à Chaumont, 1441. Terres accensées par Jean Blayer, 1443, 1481, 1484, 1486. Confirmation d'un accensement, 1492, 1494. Une vigne à Serrières accensée, 1503. Des graviers et pâquiers à la ville de Neuchâtel, 1513. Au village d'Auvernier, 1510. Des pâturages au Petit-Bayard, 1521. D'un bois à Auvernier, 1523. D'un pâturage à la Gratte et Chambrelin, 1524. De 220 faux de terres auprès du Doubs, 1524. D'un pâturage à la ville de Neuchâtel, 1525. De terres aux Ponts-de-Martel, 1527. De la Mairie de Neuchâtel, 1538. Des terres dépendantes de la Baronie de Gorgier, 1540. D'un bois bannal, 1576. De deux forêts aux habitants des Verrières, 1614. D'un moulin, 1531. De bois

A

et pâturages, fait à diverses communautés, 1547. Du cours des eaux au Locle, 1567. Fait à la communauté de Dombresson, 1568. Accensement de la pêche de la Serrière, 1678.

ACCESSOIRES. Des fonds, 1559. Ils ne payent que cinq sols, 1565. Frais des accessoires se payent avant la définition du procès.

ACCORD. Entre le comte Conrad et Mahault de Neuchâtel, dame de Valangin, 1408. Prétendu pour Neuchâtel et Valangin, 1632. Neuchâtel sollicite les deux princes à un accord, 1555. Fait avec le prince pour le four, 1617.

ACCROISSANCES. 1549, 1574, 1582, 1604, 1636, 1663, 1672. Maison bâtie, 1629.

ACCUSER. (v. *Révéler.*)

ACHATES et BEATUS. Prêchent l'Evangile en Suisse, 75.

ACHETEUR. Maintenu par le souverain, 1214. Liberté d'acheter, (V. *Liberté.*)

ACQUÊTS. Faits en guerre, quelle portion y a la femme. 1595. Acquêts, 1696. 1706,, 1709, 1712. Comment on les partage, 1593. Un héritage n'est pas un arquêt, 1673, 1582, 1583. (V. *Accroissances.*)

ACQUISITEUR. Dernier acquisiteur, 1696. On peut se dédommager sur lui, 1547.

ACQUISITIONS. Des fonds requièrent un acte public, 1214, art. 25. Faites par les comtes de la première maison de Neuchâtel, 1395. La Ville en peut faire, 1707,

ACCROISSEMENT. De fief accordé au seigneur de Valangin, 1303, 1344. 1349, 1359. 1373, 1411. A Jean de Giez, 1363.

ACTES (V. *Titre.*) Doivent être dressés pour des acquisitions de fonds, 504, art 3, 1214, art. 25. Des franchises de Neuchâtel, 1214, 1454, 1562. De l'hôpital, 1539. Faux et supposé, 1406. Sa fausseté découverte à Paris, 1412. Des fonds ne peuvent être reçus par des notaires étrangers, 1522. Concernant Neuchâtel et Valangin perdus, 1478. Envoyés à Châteaudun, 1517, 1533. Passé à Jean de Châlons par le Comte de Neuchâtel, 1406, 1409, 1458. Dressé pour la Maison à Monsieur, 1529. De reddition de Neuchâtel par les Cantons, 1529. De partage des Princes, 1643. De réachat perpétuel, 1558. Passé aux bourgeois externes pour les aides, 1567. De notaire, anéanti, 1569. Concernant Valangin, 1576. De renonciation, 1599. De diligence accordé par LL EE. de Berne aux Quatre-Ministraux, 1617. Sceau requis, 1642. D'abri, 1618, 1694, 1699, 1701. De bourgeoisie de Valangin, 1713. Enteriné, 1714. Du Clos de la franchise, 1372, 1669. Accordé par le prince aux bourgeois externes, 1618. De remise des Comtés, 1668. Produits aux Trois-Etats, 1672. D'association, 1698 De confirmation des promesses de Sa Majesté, 1707. Des autres prétendants, 1707. Envoyés de Berlin, 1708. De la sentence souveraine, 1707.

ACTEUR. Doit supporter les dépens, 1580.

ACTION. Généreuse d'un sujet, 1589. Horrible d'un cocher à Valangin, 1531. Cruelle action commise en Bourgogne vengée, 1639.

ACTIONNER. Chacun doit l'être dans son ressort, 1580. Exception, 1580. Pour injures, 1670, 1671. Actionner le prince par justice est permis aux sujets, 1406.

ADALBERT. Premier évêque de Bâle, 915. Second évêque de Bâle, 1000. Il obtient des droits sur la ville de Bâle et d'autres terres, 1000.

ADALBERUS. Troisième évêque de Bâle, 1130, 1146.

ADELAIDE. Fille de Raoul II se marie, 932. L'Empereur Othon l'épouse, 951.

ADELPHIUS. Evêque des Rauraques, 508, 510.

ADELUM. Evêque de Bâle, 870.

ADRIEN. Empereur romain, 119. Sa mort, 138 De Bubenberg, sa mort, 1506.

ADRON. Comte de Montbéliard, 883.

ADULTÈRES. 1536, 1539. Ecclésiastiques, comment punis, 1536. Doivent être emprisonnés, 1536, 1542. Cause de divorce, 1550. Commis pour provoquer la séparation, 1550. On ne peut épouser celle avec laquelle on a commis adultère, 1550. Différend pour fait d'adultère; 1550. Punition de l'adultère, 1553. Un ministre ne peut pas reprendre sa femme qui a commis adultère, 1601.

ADVOCATUS. 937, 1301. (V. *Avoyer.*)

AETIUS. Défend les Gaules, 449.

AFFIRMANT. Doit avoir la traite, 1632.

AFFOCAGE. (V. *Fouage.*)

AFFRANCHISSEMENT. De la main morte et gerberie, 1634, 1657, (v. *Mainmorte.*) De la maintenance de quatre ponts de Valangin, 1499. Des habitants de la Brevine, 1714.

AFFRY (d'). Famille noble et ancienne, 1628. François d'Affry, gouverneur, 1628, 1645. François-Pierre d'Affry, gouverneur, 1670. Rappelé, 1679. Rétabli, 1682. Son installation, 1682. Sa retraite, 1686. Sa mort, 1690. Mort de Mme d'Affry son épouse, 1691. Joseph-Nicolas d'Affry, établi gouverneur, 1686. Sa retraite, 1694.

AGAUNUM. 288.

AGE. Requis des enfants pour se marier, 1536, 1550. Requis d'un garçon à qui une fille donne un enfant, 1691.

AGNEAUX. 1654, art. 12.

AGRIPPA. Gouverneur des Gaules sous l'empire d'Auguste, duquel il était gendre. Il s'appelait Marc Agrippa Tom. I, pag. 16.

AIDES. Leur origine, 1175. Limitées, 1188. En temps de guerre 1214, art. 13 Données, 1404. Dues par les habitants de la Seigneurie de Valangin, 1432, 1480, 1502. Payées par les sujets de Valangin, 1554, 1633. Ceux du Locle et de la Sagne doivent deux aides, 1372. Quatre aides dues par ceux de Neuchâtel; 1454, art. 55, 1453, art. 1er. Les cinq aides appréciées. 1537, art. 11., 1547, 1562. Quittées au cas de l'aliénation du Comté, 1562. Demandées aux bourgeois externes, 1565. Appréciées, 1566, 1567. Aide demandée et accordée, 1588. De Gorgier adjugées au prince, 1598. Aide payée, 1635. Donnée au prince, 1657, 1669. On oblige les communes à payer les aides, 1669.

AIGLE. A deux têtes. Prise pour les armes de l'Empire, 315. Neuchâtel la prend pour ses armes, 1035. Aigle, 1475, 1532 Aigle, ville et seigneurie donnée au comte de Savoie, 1077. Les Bernois s'en saisissent, 1475 Traité fait à Aigle, 1475.

AIGUES. Comme les aigues chiesent, 1218.

ALARME. A Neuchâtel, 1587. On députe à Berne, qui envoie 2000 hommes, 1587, 1673.

ALBERGATOR. 1295.

ALBERT. D'Autriche. Va contre Zurich, 1351, 1352, 1353. Albert de Valangin, 1443.

ALBINUS. Empereur romain, 194. Sa mort, 197.

ALETHÉE. Décapité, 628.

ALEXANDRE SÉVÈRE. Empereur, 222. Sa mort, 235.

ALEXANDRE. Evêque de Lausanne déposé, 750.

ALÈGRE (d'). Marquis prétendant à la souveraineté de Neuchâtel, 1707. Son manifeste, 1707.

ALIÉNATION. (V. Vendition.) De biens d'église, 1539. Du Comte, 1562. Démarches faites pour l'empêcher, 1557. De fonds est permise, 1214, art. 25.

ALIÉNER. Une veuve ne peut aliéner, 1670. Aliéner les biens d'un pupile n'est pas permis à un tuteur, 1634, 1681, ni à un mari ceux de sa femme, 1684.

ALIX. Épouse de Hugues de Châlons, 1278. Sœur du comte Rollin, 1329. De Châlons, 1405, 1412.

ALLÉE. 1593.

ALLEMAND. Ministre allemand établi à Neuchâtel, 1674.

ALLEMANDS ou GERMAINS. Ennemis des Romains et des Suisses, 13. Ils attaquent la Suisse, 37. et l'Italie, 163. Origine du mot Allemand, 213. Ils font des courses dans les Gaules, 29, 219, 255, 258, 275, 276, 290, 347, 355, 356, 357, 360, 365, 366, 367, 378, 380, 617. Battus auprès du lac de Constance, 235. Près de Bruck, 294. Auprès de Sültz, 367, 380. Dans les Grisons, 213. Ennemis des Bourguignons, 431, 434. En Italie 269. S'établissent en Suisse, 378.

ALLIANCE et COMBOURGEOISIE. Entre Berne et Fribourg, 1243. Entre Berne et le Valais, 1250, 1475. Entre Zurich, Uri et Schwyz, 1251. Entre l'évêque de Bâle et Jean de Montjoye, 1424. Entre la France et les Suisses, 1444. Neuchâtel et Valangin y sont compris, 1444. Renouvelée, 1453, 1484, 1499. Entre la France et les Dix Cantons, 1489, 1503. Entre la France et les Suisses interrompue, 1509. La France recherche l'alliance des Suisses, mais on ne peut pas convenir, 1512. Perpétuelle entre la France et les Suisses, 1516. Neuchâtel qui appartenait pour lors aux cantons y est compris, 1516. Elle est confirmée, 1521. Entre Soleure et Bienne, 1456. Entre le duc de Bourgogne, Berne et Soleure, 1467. Entre Maximilien d'Autriche et Jean d'Arberg IV, 1485. Entre Fribourg et Genève, 1509. Entre le duc de Savoie et Berne, 1483. Celle des Suisses fort recherchée, 1477. Entre l'empereur et les Suisses, 1511, 1515. Neuchâtel qui appartenait aux cantons y est compris, 1515. Renouvelée entre Jacques de Savoie et Berne, 1556. Entre Léonor d'Orléans et Berne, 1562 Entre la France et les cantons catholiques, 1715. (V. France et Combourgeoisie.) Du comté de Neuchâtel avec la France, 1657.

ALLIBÉRÉS. Les Suisses sont entièrement allibérés de l'Empire, 1439, 1647, 1650, 1653. Neuchâtel et Valangin y sont compris, 1439, 1647, 1650, 1653.

ALMANACH. Changé, 1700.

ALPHONSE. Evêque de Lausanne, 750.

AMANDUS. Commande dans les Gaules, 287.

AMBASSADEURS. De Berne promis à Neuchâtel, 1406. A Valangin, 1475. Des cantons envoyés à Neuchâtel, 1512. Passent par Neuchâtel, 1547. Comment reçus en France, 1547. De France paraît aux Trois Etats pour la reine d'Ecosse, 1551. Un acte lui est donné, 1551. De France à Neuchâtel, 1645, 1699, 1707. D'Angleterre, 1707, 1698. Envoyé à Neuchâtel par les princes, 1566. Pour Marie de Bourbon, 1597. Plaintes contre lui, 1597. Ambassadeurs de Berne à Neuchâtel, 1579. Ils vont à Valangin où ils demandent cette Seigneurie en payement, ce qui leur est accordé, 1579. (V. Députés.)

AMÉDÉE. Comte de Savoie obtient des terres de l'empereur, 1077. Comte de Neuchâtel, 1270. Sa mort, 1286. Evêque de Lausanne, 1144. Amé, Comte de Genevois l'attaque, 1149. Sa mort, 1158. De Vauxtravers prend le nom de du Terraux, 1301.

AMENDES. 1214, art. 2. De 10 livres demandée à la ville de Neuchâtel, 1406. Amendes de 1 sol, 2 sols, 4 sols, 6 sols, etc., 504. Imposées par le Consistoire, 1538. La moitié des amendes accordées à Neuchâtel, 1539. Un seul témoin suffit au prince pour une amende, 1569. Pécuniaires, 1630. A qui elles reviennent, 1630 De 10 livres quand elle est due, 1214, art. 3.

AMNISTIE. Accordée, 1674.

AMODÉRÉS. Bourgeois amodérés du Val-de-Ruz, don qui leur est fait, 1699.

AMODIATION. Du Comté aux Quatre-Ministraux, 1536. Rabais, 1536, 1558. Continuée, 1567. Pour neuf ans, 1569. Elle prend fin, 1561. De la baronnie du Landeron, 1569. Est rompue par la mort, le mariage et la vendition, 1685, 1701. Où on en doit juger, 1693. Un dédommagement est dû, 1701. D'un fond. (V. Mise.)

1351. Pierre, dernier comte d'Arberg, sa postérité, 1351. Pierre vend le reste de son comté, 1368. Arberg incendiée, 1419, 1477. Elle se rachète d'une malédiction, 1518. Arberg-Valangin, maison qui subsiste en Flandres, 1700, 1715.

ARBITRAGE. Entre deux comtesses, 1375. De bon Baron, 1453. Arbitrage. (V. *Compromis.*)

ARBITRES. Choisis par les deux princes, 1557. Sentence des arbitres 1557. Pour les terres du Brisgau, 1580. Pour le différend entre Claude et Jean de Neuchâtel, 1587. Emoluments des arbitres, 1683.

ARBRES. Fleuris en octobre, 1473. A la St-Martin, 1426. A la St-Nicolas, 1429. Gelés, 1432, 1709. Avancés, 1328, 1540. Fleuris en septembre, 1622. La jouissance des fruits de l'arbre pendant trente ans emporte celle de la feuille, 1693.

ARCADES. Des maisons, 1406.

ARC-EN-CIEL. 1714. A Noël, 1497. Pendant la nuit, 1720.

ARCHIVES. Ouvertes aux prétendants de Neuchâtel, 1707. (V. *Chartres.*)

ARÇON. En Bourgogne, 1452.

AREINE. D'Auvernier, 15.

ARGENT. Comment on en use en fait de partage, 1604, 1622.

ARIN ou ARENS, 1263, 1281.

ARLES. 1034, 1253.

ARMÉES. Dans les airs 930, 978. Armée des Suisses contre le Pays de Vaud, 1475.

ARMES. Tirées, 1214, art. 3, 1454, 1537, 1562. A feu ou canons, 1409, 1415. Armes ou armures, en fait de guerre, 1707. Armes et habits, comment on en use en fait de partage, 1612, 1636, 1706, 1709. Armes du mari, sont à la femme, 1670. Armes, lit, maison. (V. *Maison.*) De l'Empire, l'Aigle, 315. Celles de l'ancien royaume de Bourgogne, 418. Des comtes de la Suisse, 867. Raoul change ses armes, 895. Armes des Comtes de Neuchâtel, 895, 1153, 1248. De la ville de Neuchâtel, 1035. Des Palatins de Bourgogne, 1181. D'Ulrich de Porta, 1225. De Thierry Comte de Montbéliard, 1260. Du comte d'Arberg, 1275. De Strasberg, 1320. De Jean de Fribourg, 1457. Du Comte Rodolphe de Hochberg, 1485. De Jean Hory, 1625. De Longueville, 1663.

ARNOBERT. Gouverneur de la Suisse, 620.

ARNOLD. De Rothberg, évêque de Bâle, 1451. Sa mort, 1458.

ARNOUD. Empereur, 887. Sa mort, 900.

ARQUEBUSES. 1309.

ARQUEBUTTES. 1553.

ARRER. En janvier, 1530.

ARRÊT. Des Cantons à Baden pour rendre Neuchâtel, 1529. Du Conseil d'Etat, 1547, 1557, 1639. Arrêt non exécuté, 1611. Du Conseil de ville au sujet de Farel, 1541. Rejeté par les mutins, 1541. Du Conseil de ville pour ses quatre juges des Trois-Etats, 1695. Au sujet du ministre Girard, 1695, 1696.

AREUSE. 1595.

ARRIEN. Evêque de Lausanne, 650.

ARRIENS. En Suisse, 415, 500, 520.

ARRIÈRE-FIEFS. (V. Val-Travers), 1260, 1285. Neuchâtel arrière-fief, 1288. (V. Gorgier.)

ARRIVÉE. De plusieurs personnes considérables à Neuchâtel, 1707.

ARSONNETS. 1383, 1424, 1492.

ARTICLES. Au nombre de quinze, présentés à Berne contre le Prince, 1617. Appointés par la Princesse, 1618. Dix-huit articles pour Valangin, 1654, dix articles, 1618. Articles généraux, 1707. Particuliers, 1707. Ces articles présentés aux prétendants, 1707. Confirmation par M. de Metternich, 1707.

ARTILLERIE. Envoyée de France en Suisse, 1499.

ARTISANS. Doivent servir le Comte de Neuchâtel à bas prix, 1453, art. 5.

ASILE. Des homicides, 1406.

ASSEMBLÉES. Au Landeron, 1451. A la Lance pour les comités, 1452. A Waldshut, 1453. Des Comtes de Châlons et de Neuchâtel, 1455, 1456, 1457. Des cantons à Munster, 1484. A Fribourg, 1512, 1516, A Delémont, 1540. (V. *Journée. Diète.*) Assemblées trimestrales, 1630. De parents, 1682. Les saintes Assemblées doivent être fréquentées, 1553, 1594. Comment se doivent faire les assemblées des pasteurs, 1564. En quel temps, 1564. Générale extraordinaire, 1564. Du clergé de Neuchâtel, 1464. Des Quatre Cantons au sujet de Neuchâtel, 1694. Des bourgeois de Valangin, 1712, 1722. A la Borcaderie, 1707. Des habitants du Vignoble, 1712. De la bourgeoisie de Neuchâtel, 1718.

ASSERMENTÉS. Francs assermentés, 1413.

ASSIGNAUX. Hypothéqués, 1547.

ASSISES. De Travers comment se doivent tenir, 1570.

ASSISTANTS. En cause, leur nombre réglé, 1622.

ASSOCIATION. Des bourgeois forains, 1593. Des bourgeois de Valangin, 1603. Association, 1698, 1699.. Renouvelée, 1703, 1707, 1709.

ASSURANCE. Promise, 1539.. Accordée, 1539. En quoi elle consiste, 1539. Générale, 1547.

ATTALUS. Créé empereur, 407.

ATTILA. Entre en Suisse, 449. Vaincu, 451. Repasse par la Suisse, 451.

ATTOUCHEMENT. Sur les mains de l'officier se fait sans frais, 1683.

AVENTURIER. Moulin aventurier sur la Reuse, 1548.

AUBAINE. (V. *Abzug.*)

AUBIN (St.). Eglise donnée à l'abbé de St-Maurice, 1176. 1180. Le péage de Saint-Aubin, vendu 1357. Franchises accordées, 1308, 1538. Ceux de cette paroisse reçus bourgeois de Berne, 1561. Ministre de

B

savoir : Louis de Diesbach, 1512. Antoine Haas, 1514. Jean Imhoff, 1516. Jacques Troguer, 1517. Paul Bremgartner, 1518. Nicolas Haller, 1520. Oswald Toss, 1522. Bernard Schiesser, 1524. Balthasar Hildebrand, 1526, et Jean Gugelberg, 1528. Il expédie tout avant son départ, 1529.

BAILLODS. Claude achète le fief Grand-Jacques, 1533. Il est anobli, 1538, 1544, 1545.

BAISER TERRE. Punition des jureurs, 1553.

BALAIGUE. 1378, 1395..

BALBIN. Empereur, 237. Sa mort, 238.

BALDEBERT Evêque de Bâle, 760, 802.

BÂLE. Ville. Bâtie, Tom I, page 16. An 357, 407.. Détruite, 451. Droits donnés à l'évêque sur cette ville, 803, 806, 1000. Ruinée par des tremblements de terre, 1000, 1021, 1356. Fortifiée, 1010. Bâle établit son premier bourgmaître, 1252. Deux partis à Bâle, 1258. Bâle ravagée, 1273. Petit-Bâle, 1374, 1389, 1391, 1392, 1394. L'évêché de Bâle ravagé, 1000. Bornes posées, 1002. Cet évêché est en pauvre état, 1423. Son évêque députe à François d'Orléans au sujet de Lignières, 1531.

BALOIS. Excommuniés, 1168. Ils achètent des villes de leur évêque, 1400.

BALM. Donné à la comtesse Isabelle, 1369. Vendu par la même, 1374.

BAN. 1683. Bans et amendes, 1214, art. 2. 1454, art. 2. Ban du vin, 1214, art. 9. 1454, art. 36. 1595. Bans de plusieurs sortes, 1406, 1480, 1595. Ban des vendanges, 1453, art. 16. Ban de l'empire. Les seigneuries de Rodolphe de Hochberg y sont mises, 1473. Pouvoir donné au seigneur de Colombier d'imposer des bans, 1531. Banc du Mazel. (V. Boucherie.)

BANS. (V. Annonces.)

BANDIT. 1595.

BANDER. Contre ceux qui se bandent, 1542, 1553.

BANDEROLLES. 1583, 1614, 1714.

BANNERET. De Neuchâtel établi, 1214. De Berne exécuté au Landeron, 1324.. Banneret établi au Landeron, 1349. A Valangin, 1352. Banneret admis à juger aux Audiences, 1531, 1532, 1537, art. 7. Proteste contre les bannerets, 1537. Election d'un banneret, 1543, 1603. Bannerets exclus des Audiences, 1553. Serment du banneret de Neuchâtel, 1559. Banneret de Neuchâtel, difficulté à l'égard de son serment, 1594. Banneret de Neuchâtel, la manière de l'élire, 1690. Confirmé, 1696, 1706.

BANNIÈRE. D'Erguel donnée à Bienne, 1296, 1308. Bannière de Neuchâtel, 1406, 1611. Conservée aux bourgeois de Valangin, 1618.

BANNISSEMENT. 1550. Levé, 1680.

BANQUES. Défendues, 1177.

BANQUETS. Défendus pendant les sermons, 1594. Banquets de noces, de fiançailles, de baptêmes et d'enterrements défendus, 1630, 1703. (V. Repas.)

BAPTÊMES. 1539, 1542, 1553. Le père doit y assister, 1553, 1564.

BAPTISER. Défendu aux laïques, 1553. Quand on doit baptiser, 1553.

BAPTISÉS. (V. Repas.)

BARBE. De Roll, gouvernante de Neuchâtel. Sa mort, 1601.

BARDES Tom. I, page 9.

BARISCOURT. 1506, 1546. (V. Fief.)

BARON. Hauts barons à Neuchâtel, 413, 930, 1034. Arbitrage de bon baron, 414, 1453. Droits des barons, 848. Barons de Vaud, leur généalogie, 1285. Baron d'Aubonne, va contre Besançon, 1575.

BARONNIE. De Neuchâtel, 1033, 1034. Ses limites, 1035. Gorgier érigé en baronnie, 1575. Baronnies érigées, savoir : Val-Travers, 1218. Thielle, 1242. Landeron, 1373. Vaumarcus, 1595.

BARRAT De vin, 1463. Sans fraude ni barrat. 1547.

BARRER et GAGER. 1623, 1671.

BARRES. Comment elles doivent se faire, 1547, 1618, art. 18

BARRES et SAISINES. 1595.

BART. 1372, 1464.

BASSIN. De Neuchâtel construit, 1706. Réparé, 1713.

BATAILLE. De Babriac, 69; de Fontenay, 843; d'Orbe, 867; de Coffrane, 1295; de Laupen, 1339; de Sempach, 1386; de Montlhéry, 1465; de Fraubrunnen, 1475; de Buttisholz, 1475; d'Anet, 1475; de Grandson, 1476; de Morat, 1476; de Cappel, 1531; de Menzingen, 1531; de Dreux, 1563; de Herzogenbuchsee, 1653; de Vilmergen, 1656, 1712.

BATARDS et BATARDES. Des Comtes de Neuchâtel, 1342, 1369, 1373. Deux bâtards de Grand-Jacques légitimés, 1440. Le Prince hérite les bâtards, 1453, art. 6. Leur nourriture et entretien, 1691. Mandement sur les bâtards, 1715.

BATEAUX. Privilège du Prince, 1453, art. 5. Bateaux défendus le dimanche, 1553.

BATELIERS. Leur Compagnie érigée, 1482.

BATIMENTS. Que la ville doit entretenir, 1539.

BATON. Présenté à Jean de Châlons, 1407. Bâton noir, 1570.

BATTIEUX. De Gorgier, 1340.

BATZ. Leur origine, 1378. Premiers batz fabriqués à Berne, 1500.

BAUX. Marie de Baux, 1386.

BAYARDS. Tour Bayard bâtie par Jules-César, Tom. I, page 6. Garnison dans cette tour, 1476. Il y a un péage aux Bayards, 1376. La commune des Bayards obtient des pâturages, 1521. Confirmés, 1523. Accord fait entre les Bayards et St-Sulpice, 1644. Son temple, 1676, 1677.

BÉAT. St-Béat son martyre, 119. Béat-Jacob de Neuchâtel créé bourgeois de Berne, 1591. Son mariage, 1592. Il rend hommage,

BÊTES. Qu'on tue à la boucherie, ce qu'elles doivent, 1214, art. 6. Leur valeur, 504, art. 8.

BEVAIX. Une seigneurie, 1225. Différend au sujet de Bevaix, 1260, 1263, 1340, 1433. Rachat de cette seigneurie, 1450, 1545. Délimitation entre Gorgier et Bevaix, 1568. Temple de Bevaix, 1602. Conférence, 1704. Bevaix-Prieuré, 1268. Sa garde, 1378. Claude de Livron, prieur de Bevaix, 1491. Curé de Bevaix, 1524. Jean de Livron, prieur de Bevaix, 1528, 1531.

BIBLES. Brûlées, 304. Bible imprimée, 1532, 1536.

BICHET. Un sceau ou cachet, 1529. Bichet dû par les sujets de Gorgier, 1573, 1587.

BIENS. Retirer son bien en sûreté, 1403. Biens d'église, leur usage, 508. Ils sont francs, 1526. Le Prince s'en saisit, 1531. Traité fait à ce sujet, 1531. On pouvait en faire rétraction, 1532. Quelques-uns en faisaient un cas de conscience, 1532. Contestations pour les biens d'église, 1532. Jeanne de Hochberg veut les transférer en Bourgogne, 1532, 1537. Biens des chanoines vendus, 1538, 1539, 1545, 1594. Biens du père et de la mère comme ils doivent être partagés, 1549, 1658. Biens d'un débiteur vendus au plus offrant pour payer, 1560, 1565. Le créancier à son choix du bien, 1565. Bien des enfants doit retourner aux pères et mères, 1532, 1547, 1574, 1661. Biens de l'usufruitier, à qui dévolus après sa mort, 1574. Quels biens on peut taxer, 1580. Bien paternel va aux parents paternels, 1642, 1691. Bien non encore dévolu ne peut être hypothéqué, 1696. Biens en communion, 1679. Biens hérités d'un grand-père, 1681. Bien retourne d'où il vient, 1683. Bien de la femme ne peut s'aliéner, 1684. Bien de deux femmes ne peut pas être confondu, 1691. Biens du fils, 1672. Biens du grand-père, 1683. Dévolus aux petits-fils, 1683. Bien de la femme saisi, 1696. Bienfonds, vendu et confié, 1671. Biens d'église. Le roi en relâche une portion. On établit une chambre, 1707. Le survivant jouit de tout le bien du défunt, 1658. L'investiture s'étend partout où il y a du bien, 1659. Bien du grand-père, 1662. Oe peut retirer tout son bien, 1672. Bien du mari doit être saisi le premier, 1591, 1637, 1656, 1678, 1686, 1706. Biens du grand-père, 1636. Biens ne se doivent pas confondre, 1658. Séparation de biens, 1662.

BIENFAITS. 1481.

BIENNE. Relâchée par le comte de Neuchâtel à l'évêque de Bâle, 1284. L'évêque de Bâle lui donne des lois, 1296. S'allie avec Berne, 1306. Reçoit le chapitre de St.-Imier dans sa combourgeoisie, 1329. Rodolphe, comte de Nidau, se fait bourgeois de Bienne, 1350. Bannière de Bienne, 1350. Bienne renouvelle son alliance, 1352, 1353. Bienne brûlée, 1353. L'évêque de Bâle lui fait la guerre, 1367. Il la brûle, 1367. Les Bernois vont la secourir, 1367. L'évêque s'enfuit, 1367. Bienne s'allie avec Soleure, 1450. Bienne fait une alliance perpétuelle avec les cantons, 1479. Franchises accordées à Bienne, 1484. Bienne députe au chapitre de St.-Imier, 1529. Bienne a une difficulté avec l'évêque, 1578. Bienne et Neuchâtel envoient une garnison à Genève, 1581, 1582. Bienne soutient Dombresson, 1531. Difficulté entre Bienne et le chapitre de St.-Imier, 1534, 1535. Bienne avait part à l'élection et nomination des curés de Dombresson et de Serrières, 1329. L'évêque de Bâle lui vend l'Erguel, 1555. Bienne en différend avec l'évêque, 1556. Sa bannière, 1556. Ses franchises confirmées, 1556. Echange, 1598. Opposition à cet échange, 1600. Bienne échangée, 1605. Différend à ce sujet, 1600. Traité entre l'évêque de Porrentruy et Bienne, 1010. Comment cette ville est gouvernée, 1010. Conférence tenue à Bienne, pour les affaires de Neuchâtel, 1699. Bienne. (V. *Baillif de Bienne. Baillage de Bienne.*)

BIERVILLE. Ambassadeur de la princesse, plaintes contre lui, 1597.

BIZE. 1537.

BLAISE (St.). Son temple bâti, 1516. Qui était ce saint, 1516. Sa chapelle, 1360.

BLAISE JUNOD. Sa mort 1575. Discussion de ses biens, 1619.

BLAISE HORY. Secrétaire-général du comté, 1569.

BLAMONT. Pris par les Suisses, 1475.

BLANCHE MONNAYE. 1406.

BLANCHE ROCHE. 1529.

BLANQUIERS. 1618.

BLASPHÉMATEURS. 1539, 1542, 1553, 1594, 1630.

BLAURER. Ecrit à Farel, 1554.

BLAYER. (V. *Fief.*)

BLÉ et VIN. En fait de partage, 1604. Blé, Vin, 1709.

BOCCA. Le comte de Bocca épouse la fille du comte Rollin, 1322.

BOCHÉAGE. Du Vautravers, 1520, 1591. Différend au sujet du Bochéage, 1603.

BOFFREMONT. Différend au sujet de la baronnie, 1471. Adjugée au Seigneur de Valangin, 1485.

BOIS. Famille. (V. *Dubois.*)

BOIS. Forêt accensée à Auvernier, 1356, 1457. Bois du Chanet donné au Landeron, 1359. Bois de la Mothenette, 1350. Bois des quatre gentilshommes, 1263, 1350. Bois donné à Cormondrèche, 1359. Bois de Seytiez, 1350. Bois du Trablet donné aux francs sujets de la châtellenie de Thielle, 1522. Bois remis aux communautés de Corcelles, de Cormondrèche et de Montesillon, 1522. Bois de la Chassagne, 1526. Bois qui appartiennent au souverain, 1480. Bois blanc, 1576. Bois dû aux ministres, 1594. Bois accensé au Locle, 1533. Bois de la mairie de Neuchâtel accensé à la ville, 1537. Bois bannaux accordés à ceux du

Locle, 1537. Couper du bois aux Bordes est défendu, 1550. Bois bannal accordé aux six communautés du Val-de-Travers, 1567. Bois bannal accensé à Denys Bosle, 1576. Us des Bois, 1595. Bois coupé sur Grandson, 1628. Bois de Bellevaux donné à l'hôpital, 1539

BOIRE. Le corps, 1616. Boire par excès doit être puni, 1553. Forcer à boire défendu, 1580, 1588, 1594, 1616. Heures indues, 1616.

BOLE. Bâtit un temple, 1639. Erigé en église, 1644. Bôle obtient un pasteur en chef, 1654.

BONIFACE. Evêque de Lausanne, 1231, 1238. Boniface comte de Savoie attaque l'empire, 1252.

BONNEVILLE. Au Val-de-Ruz bâtie, 1132. Brûlée, 1301. Où ses habitants se retirent, 1301 Remise à l'évêque de Bâle, 1295.

BORCARDERIE. Bâtie, 1616, 1678, 1707.

BORDES. Etablies à Neuchâtel, 1476, 1718.

BORNES. Posées, 1002, 1153, 1260, 1530, 1551, 1653, 1720. Quatre pots de vin, 1378. Borne redressée, 1660. Bornes des Trois Evêques, 1002, 1284.

BOSON. 858. Boson couronné roi d'Arles, 878. Sa mort, 888. Boson, roi d'Arles, 936. Sa mort, 998. Boson, évêque de Lausanne, 892. Récompensé par Raoul, 893, 904.

BOVAILLES. Doivent être données au comte à un gros au plus bas prix, 1406.

BOUCHERIE. De Neuchâtel déplacée, 1507. Deux bancs accordés à la ville, 1526. Ses droits, 1214 art. 6, 1454 art. 6. Il est permis aux bourgeois de faire des bancs de Mazel devant leurs maisons, 1454 art. 47. Trois bancs remis aux bourgeois, 1537, 1562.

BOUDEVILLIERS. 1295, 1302, 1337, 1342, 1424. Farel y va prêcher, 1531, 1532. Jean Bretencourt, son premier pasteur, 1532, 1536.

BOUDRY. Erigée en baronnie, 1278. Son château bâti, 1278. 1337, 1342. Boudry en litige, 1350. Boudry prête une somme au comte Louis. 1359. Qui leur engage l'ohmgeld, 1359. Il le leur vend, 1369. Le pont de Boudry, 1447, 1525. Garnison à Boudry, 1476. Boudry obtient des franchises, 1526. Boudry remis à Marguerite de Wufflens, 1373. Donnée à Girard de Neuchâtel, 1373. Ses franchises confirmées, 1369, 1396. Le comte Louis lui donne des franchises, 1343. Boudry assiégée, 1400. Boudry brûlée, 1378. Le comte Louis lui donne le péage de Cortaillod, 1369. Boudry reprise par Isabelle, 1377, 1378. Boudry un fief en 1378. Engagé pour 2000 florins, 1395. La réforme à Boudry, 1535. Boudry obtient le droit d'élire son maître-bourgeois, 1540. Les franchises de Boudry confirmées, 1562. Dîme de Boudry mise à la dix-septième, 1568. Bourgeois forains de Boudry, 1595.

BOUCHEVRET. Procuration à lui donnée, son témoignage, 1707.

BOULANGÈRES. Ce qu'elles doivent, 1214 art. 15, 1454 art. 16, 1536.

BOURBON. Mort de la duchesse de Bourbon, 1720.

BOURG. 418. Ce que c'est qu'un bourg, 1036. Bourg de Valangin bâti, 1301, 1375. Bourg du Landeron bâti, 1324. Boudry est aussi un bourg, 1278. Vaumarcus est nommé bourg, 1375.

BOURGEOIS DE NEUCHATEL. Sont allibérés de toute exaction, 1214 art. 1—24. Origine du mot bourgeois, 1036. Promesse du comte de maintenir les bourgeois de Neuchâtel, 1214 art. 30. Bourgeois de Neuchâtel faits prisonniers, 1406. Demandent plusieurs choses au conseil de ville, 1522. Emprisonnés à Valangin, 1653. Bourgeois de Neuchâtel ne peut être distrait de sa justice ordinaire, 1658, 1681. Les bourgeois de Neuchâtel sont bourgeois de Berne, 1406. Erreur d'un bourgeois, 1530. Plainte d'un bourgeois contre René de Challant, 1532. A qui il appartient de recevoir des bourgeois, 1537 art. 6, 1454 art. 32. Difficulté pour la réception des bourgeois de Neuchâtel, 1545. Le prince permet à la ville de recevoir de bourgeois pour 100 livres, 1562. Bourgeois de Neuchâtel reçus, 1596. Bourgeois de Neuchâtel créés et assermentés, 1593. Bourgeois forains ou externes de Neuchâtel, le premier bourgeois forain, 1369, 1406. Les bourgeois forains ne doivent point les corvées, 1406. Ils doivent les giettes et les reutes dans la ville, 1453 art. 34 et 35. Leurs plaintes, 1538. Sentences prononcées, 1538. Plaintes, 1562. Conférences entre les bourgeois internes et externes, 1562. Instances des externes, 1563. Léonor leur écrit, 1563. Le Conseil d'Etat députe contre eux à Berne, 1566. Leurs aides appréciées, 1566, 1567. Renonciation des bourgeois forains, 1599, 1610, 1617, 1618. Noms de leurs familles, 1618. Difficulté entre les bourgeois internes et externes, 1577. Association des bourgeois forains, 1593, 1596. Ils paraissent en conseil d'Etat, 1599, 1618. Où ils font des plaintes, 1599. Leurs demandes, 1599. Leur requête à la princesse, 1599. Qui confirme leurs franchises, 1599. Ils continuent d'attaquer les Quatre Ministraux, 1610. Leurs demandes, 1610. Réponse des Quatre Ministraux, 1610. Acte de leur renonciation, 1618. (V. Renoncés.) L'abri leur est accordé, 1618. Bourgeois qui n'ont pas renoncé, 1618. Don à eux fait, 1699. Bourgeois de Neuchâtel de Boudevilliers, 1611, 1617. Bourgeois de Neuchâtel du Val-Travers, par qui enrôlés, 1585. Tous les bourgeois dépendent de la bannière, 1611. Ceux du Val-de-Travers opprimés, 1617.

BOURGEOIS DE VALANGIN. Créés, 1358, 1362, 1502, 1537. Bourgeois de Valangin s'affranchissent d'une cense, 1544. Assemblée des bourgeois de Valangin, 1712. Dons faits aux bourgeois et sujets de Valangin, 1707. Ils obtiennent un fond de la Princesse, 1698. Dix-neuf bourgeois qui paraissent au Conseil d'Etat, 1711. Tous les sujets de Valangin créés bourgeois 1713. L'art est entériné, 1714. Bourgeois des Montagnes agrégés au corps des bourgeois de Valangin 1508. Confirmés par Claude d'Arberg, 1508. Bourgeois de communance, 1411. Bourgeois amodérés du Val-de-Ruz, don à eux fait, 1699.

BOURGEOIS DE BERNE. Le comte Rodolphe créé bourgeois de Berne, 1309. Jean III, Seigneur de Valangin, 1385. Le comte Conrad, 1406. Les chanoines de Neuchâtel, 1406.

BOURGEOISIE. (V. *Combourgeoisie.*) Le droit d'en avoir accordé aux Suisses et aux Bourguignons, 68. Bourgeoisie de Berne. Neuchâtel l'obtient, 1406. Bienne, 1306. La Neuveville, 1388. Les paroissiens de St.-Aubin reçus bourgeois de Berne, 1561, 1591. Bourgeoisie entre Berne et Neuchâtel renouvelée, 1570, 1616, 1693. Cérémonie observée, 1693. Bourgeoisie de Berne conservée aux bourgeois de Valangin, 1618. Bourgeoisie de Valangin, son commencement, 1352. Elle s'érige en corps, 1603. Bourgeoisie des Guyots, 1358. Confirmée, 1427. Bourgeoisie générale assemblée à Neuchâtel, sa résolution, 1618. Bourgeoisie convoquée et assemblée au château, 1618. Assemblée de la bourgeoisie, 1718.

BOURGOGNE. Royaume. Il passe aux empereurs d'Allemagne, 1029, 1035. Le comte de Bourgogne se soulève contre l'empereur et pourquoi, 1045. Rend hommage à l'empereur, 1046. Donnée au duc de Zæhringen, 1127. Bourgogne affranchie et nommée Franche-Comté, 1127. Ravagée par les Allemands, 290. Allibérée des Romains, 490. Petite-Bourgogne, Tom. I, page 2. Ses limites, an 858. Plaintes du comté, 1575. Neuchâtel demande l'entrée des grains de Bourgogne, 1588, 1643. Les Français y envoient des troupes, 1636, 1637. Le roi Louis XIV y vient, 1668. Il s'en saisit, 1674.

BOURGUIGNONS. Leur origine, 370, 407, 413. Ils viennent sur le Rhin, 413. Ils y retournent et s'y habituent, 407. Ils passent le Rhin et s'établissent en Suisse et aux environs, 413. Ils font un traité avec les Romains, 414. Leur religion, 414, 415. Ils érigent un royaume, 413. Quels pays ce royaume contenait, 415. Pourquoi ils sont nommés Bourguignons, 420. Bourguignons brûlés, 1474. Dans ce royaume il y avait trois sortes de sujets, 420. Courses des Bourguignons au Locle, 1476. A Renan, 1639. Battus à Grandson, 1476. A Morat, 1476. Ils traitent cruellement la femme d'un colonel suédois, 1639.

BOUTIQUES. Doivent être fermées à Neuchâtel pendant le sermon, 1550, 1594, 1630.

BRANDEBOURG. Erigé en marquisat, 920. Naissance du marquis Albert-Frédéric, 1672. Mort d'un margrave, 1711. D'une princesse, 1711. Un jeune prince passe par Berne, 1715.

BRANDONS. Tom. I, page 9.

BRAYES. Fausses Brayes, 1449.

BRANCHE. Branche aînée doit être éteinte pour passer à une autre, 1644.

BREMGARTEN. Traité de paix, 1529, 1530, 1531.

BRENETS (les). Le temple bâti 1511. Erigés en paroisse, 1512. Réformés, 1534, 1539, 1588.

BRETIEGE. La diocèse donnée en fief, 1420, 1423.

BERTHOUD (Burgdorf). Bâtie en 1152, vendue, 1384.

BREVARD. Seul est une preuve suffisante, 1565.

BREVARDIE. 1453 art. 7.

BREUIL. De Coffrane, 1530, 1539.

BREVINE. Son temple bâti, 1604. Son lac peuplé de poissons, 1660. Le prince lui accorde des franchises, 1624, 1661. Ses eaux minérales, 1654, 1672. Ses habitants affranchis, 1714.

BRIGUES. Abolies, 538.

BRINGUER. Défendue, 1553, 1564, 1594.

BRISACH. Bâti, 1152.

BRISGAU. Différend pour ces seigneuries, 1571, 1574, 1576, 1580, 1581, 1596, 1601.

BROGLIO. 1291.

BROT. 1181. Brot-Dessus, 1685.

BRUGG. Chlorus y bat les Allemands, 294.

BRUIT. Faux répandu, 1673. Bruit de guerre, 1708. Bruit dans l'air, 1716.

BROUILLARD. 1501.

BRUN. Origine de cette famille, 1548.

BRUNEHAUT. 597. Sa mort tragique, 612.

BRUNON. Evêque de Bâle, 1047, 1057.

BUBENBERG. Conrad, 1190. Adrien, 1506.

BUCCONTOUR ou BACCONTOUR. Château au Val-de-Ruz démoli, 1366.

BUCELLES. Différentes espèces, 1595. Abolies, 1595.

BUCEPHALE. 1412.

BUGILLOT. Origine de cette famille, 1575.

BRULURE. 1549.

BURCKARD. Duc de Souabe, 916. Sa mort, 927. Burckard, premier évêque de Lausanne, 932, 947. Burckard, second évêque, 1039. Il était marié, 1072, 1088. Burckard, évêque de Bâle, 1072. L'empereur lui donne un comté, 1080, 1100, 1114.

BURGARII. Habitants des bourgs, 1036.

BUREN. 1034. Prise en 1388 par Berne et Soleure. Forteresse vendue à Soleure, 1361.

BUSSI. 1296. Ses habitants émigrent, 1496.

BUTIN. Très-riche butin fait à Grandson, 1476. Butin de Bourgogne amené à Neuchâtel, 1636.

BUTISHOLZ. Les Anglais y sont battus, 1375.

BUTTES. Il y avait un passage et péage, 871. Buttes et Saint-Sulpice réformés, 1545. Son temple rebâti, 1705.

C

CABARETIERS. (V. *Hôtes.*)

CABARETS. Tablettes qu'on y mettait, 1580. Cabarets défendus aux pauvres, 1616. On y doit tenir bon ordre, 1616, 1630.

CAGE. (V. *Javiole.*) Abolie, 1585.

CAYUS CARINATES. Gouverneur des Gaules, Tom. I, page 16.

CALENDRIER. Réformé par Jules-César, Tom. I, page 7. Changé par le pape, an 1582. Changé en Suisse, 1700.

CALICE. Fait au Locle, 1522.

CALIGULA. Empereur romain, 37.

CALME. Temps calme, 1382.

CALVIN. Arrive à Genève, 1536. Où il est établi pasteur, 1536. Va à Berne, 1536. Genève lui donne son congé, 1538. Il va à Strasbourg, 1538. Il écrit à la Classe de Neuchâtel et Farel lui répond, 1540. Genève le rappelle, 1540. Son mariage, 1541. Il écrit encore à la classe de Neuchâtel, 1542, 1545. Six livres qu'il avait composés, 1551. Lettre en latin à Farel, 1564. Sa mort, 1564.

CALWE. Château en Souabe, 1033.

CAMP. Ministre de camp, 1712.

CANAL. D'Entre-Roche, 1640.

CANARDS. Volant dans les villes, 1363.

CANDIE. Exploits de Charles-Paris d'Orléans en Candie. 1668. Il en revient, 1669.

CANONS. (V. *Armes à feu.*)

CANTONS. Il y en avait quatre en Suisse du temps de César, Tom. I, page 5. Confédération des trois anciens cantons, an 1307. Entreprise de sept cents hommes des cantons, 1477. Ils sont renforcés de deux mille hommes, 1477. Quatre cantons se saisissent de Neuchâtel qui leur prête serment; et les cantons le prêtent réciproquement, 1512. Les quatre cantons s'adjoignent les huit autres, 1512. Ils y envoient des députés qui font des lois, 1513. Ils instent pour Neuchâtel, 1529. Leur manière de gouverner Neuchâtel, 1513. Les cantons rendent Neuchâtel, 1529. Les quatre cantons alliés s'assemblent au sujet de Neuchâtel, 1694, 1699. Les cantons juges des affaires de Neuchâtel, 1576, 1584. (V. *Suisses.*) Cantons catholiques, leur lettre à Marie de Bourbon, 1575. Sentence des quatre cantons, 1576. Les cantons font la paix entre eux, 1712.

CAPABLE. De tenir fiefs, 1537, 1547, 1595.

CAPITAINES. De Neuchâtel vont en France, 1575, 1576. Quelle portion a la femme dans les acquêts d'un capitaine faits en guerre, 1595. Capitaine Bourgeois, 1689. Capitaine de Valangin, son serment, 1637. Capitaines refusent de servir, 1644.

CAPITAL. Les censes y peuvent être jointes, 1685.

CAPUCINS. Du Landeron, 1699.

CARDINAUX. Leur train et équipage, 1245.

CARIGNAN. Prince prétendant à la souveraineté de Neuchâtel, 1707. Ses manifestes, 1707. Ses agents sont retenus, 1707.

CARLOMAN. Se fait moine, 746. Il vient en Suisse, 770.

CAROLI. 1537. Apostat, 1543. Il persécute Farel, 1543.

CARTES. Défendues, 1553.

CASTENVOGT. D'un couvent, 1329.

CATÉCHISMES. Établis à Neuchâtel, 1546, 1550, 1553, 1564, 1594. Aux Ponts, 1685.

CATÉCHUMENES. 1541, 1564.

CATHERINE. Fille du comte Rollin, 1302. Catherine, comtesse de Neuchâtel, sa mort, 1358. Catherine de Thierstein, sa mort, 1385. Catherine de Gonzague établie curatrice de son fils le prince Henri, 1595. Son mariage, 1588. Elle fait une couche prématurée, 1595. Elle vient à Neuchâtel, 1617. Ses démarches contre Berne, 1617. Supplication des bourgeois à la princesse, 1617. Elle présente un écrit aux Quatre Ministraux, 1617. Elle emploie l'ambassadeur de France auprès de la ville de Berne, 1617. Appointements qu'elle accorde aux Quatre Ministraux, 1617, 1618. Elle est mise au bois de Vincennes, 1629. Sa sortie du bois de Vincennes, 1629. Sa mort, 1629.

CAUSES. D'injure, 1622. Causes au-dessous de 10 livres sont sans appel, 1569. Causes des communautés contre communautés, 1580, 1693. Causes des communautés, où elles doivent être jugées, 1693. Causes que les Trois Etats pouvaient juger définitivement, 1580. Leur inscription dans le Manuel était nécessaire, 1537. Quelles causes devaient être jugées aux Etats, 1560. Causes des communautés. (V. *Communautés.*)

CAUTION. (V. *Fiance.*) Caution n'est pas due pour un usufruit, 1593.

CAUTIONNEMENTS. Des veuves sans tuteurs sont valables, 1690. Un mineur ne peut pas cautionner, 1693.

CÉCINNA. Aulus Cécinna fait la guerre aux Suisses, 69. Sa mort, 79.

CÉDULES. On ne peut pas jurer contre les cédules d'un défunt, 1693. Cédules vont après les obligations, 1565.

CELLERIER. 1473, 1475.

CÈNE. Du seigneur, 1539, 1542, 1546. Traité de la Cène, 1551. Qui en doit suspendre, 1564. Comment elle doit s'administrer, 1564. Le temps de sa célébration, 1552.

CENSES. 1367, 1406. Censes de diverses denrées, 1214 art. 19. Censes dues au comte par la bourgeoisie de Neuchâtel, 1214 art. 10, 1454 art. 11. Censes vendues, 1527. Censes des chésaux de Neuchâtel, 1214 art. 13. Censes dues au Val-de-Ruz, 1400. Aux Montagnes, 1480. Censes des obligations est au 5 %, 1547. Censes de froment pouvaient être achetées, 1463.

Censes acquises prescrites en trente ans, 1537. Censes directes imprescriptibles, 1537. Censes foncières vendues, 1542. Echange de censes foncières, 1545. Censes de moulins, 1547. Cense de vin rédîmée, 1548, 1585. Cense d'une obligation quand elle est due, 1659. Censes négligées, 1654. Censes viagères, 1539. Censes voyagères, 1604. Cense due au château de Grandson, 1563. Censes, comment on en use en fait de partage, 1604. Cense foncière non payée de trois ans, on peut attaquer la pièce, 1565. Cense donnée à Claude des Pontins, 1500. Censes foncières, leur prix réglé, 1522. Censes directes qui sont imprescriptibles, on n'en doit payer que trois avant la répétition, 1604. Censes des obligations, des engagères, 1670. Cense non promise, 1671. Censes peuvent être jointes au capital, 1685.

CENSIERS. 1413.

CENSIÈRES. Leur origine, 1400, 1433. Censière adjugée au seigneur de Colombier, 1467. Censières de terres, 1344. Censières à Môtiers, remises, 1367. Censière nouvelle, 1720.

CENSURER. 1541. (V. *Reprendre.*)

CENSURES. Qui se font en classe, 1545. 1564.

CÉRÉMONIES. Observées dans l'établissement d'un banneret, 1690. D'un gouverneur, 1720. Au renouvellement de bourgeoisie avec Berne, 1693. Aux Trois Etats lors de la réception de Madame de Nemours, 1694.

CERISES. En novembre, 1481. En avril, 1473.

CERLIER. L'abbaye de ce lieu bâtie, 1099. (Voyez *Fenis* 1317). Ses franchises confirmées, 1339. Cerlier obtient un vidimus, 1343. Cerlier donné à la comtesse Isabelle, 1369, 1375, 1376. Cerlier vendu par Isabelle, 1377. Elle appartenait au comte de Nidau, 1248. Remise au baron de Grandson, 1377. Berne s'en saisit, 1474. Remise par les cantons à Berne et à Fribourg, 1484. Cerlier remise à Jean de Fribourg, 1416, 1423. Jacques de Vaumarcus baillif de Cerlier, 1424. Cerlier fait une combourgeoisie avec la Neuveville, 1578.

CERNÉES. Droit de cernées, 1481.

CERNIL. 1382.

CÉSAR. D'où ce nom dérive, Tom. I, pag. 16. Il fut donné à tous les empereurs, an 69, 307. César s'oppose aux Suisses, Tom. I, page 12. Il les défait et les soumet à l'empire romain, page 13. Il fait bâtir deux tours dans le comté de Neuchâtel, page 14. Le temple de Cressier, ibid. Il réforme le calendrier, page 15. Il est assassiné. Ses femmes. Sa postérité, pages 15 et 16. La race des César prend fin, an 68. Le nom de César est conservé, 69.

CESSIONS. De fonds sans acte défendues, 1522. Cession est préférable à une reddition de gage, 1693.

CHABLAIX. Terrain, 1248, 1286, 1317, 1336, 1377, 1430, 1454 art. 51, 1456, 1457, 1470, 1489, 1491, 1494, 1537 art. 9, 1616.

CHABLIGE. 1413.

CHALLANT. Philibert de Challant. Son mariage, 1500. Sa mort, 1502. René de Challant renouvelle sa bourgeoisie de Berne, 1522. Rend hommage aux cantons, 1523. Son testament 1546. Dettes de l'hoirie de Challant, 1592. (V. *René.*)

CHALEUR. 1202, 1420, 1429, 1433, 1590, 1593, 1603. Chaleur à Pâques, 1615, 1660, 1669, 1680, 1707, 1718.

CHALONS. Origine de cette maison, 1001, 1087, 1153, 1230. (V. *Vienne*, 1237, 1248, 1253.) Généalogie de cette maison, 1266, 1412. Le comte de Neuchâtel se constitue son vassal, 1288. Jean de Châlons obtient le droit de battre monnaie, 1291, 1325. Juge entre les comtes de Châlons et de Neuchâtel, 1415, 1458, 1462. Louis de Châlons, 1425, 1429. Il fait la guerre à Catherine de Bourgogne, 1424, 1453. Il est tué, 1476. Guillaume de Châlons vend Orange, 1475. Huguenin de Châlons prisonnier, 1477. Il prend le parti de la France, 1478. Jean de Châlons V, 1477. Léonard de Châlons, 1482. Huguenin de Châlons, sa mort, 1490. La veuve de Jean V députe à Berne, 1504. Elle renonce à Grandson et à Echallens, 1513. Elle fait des présents aux officiers de Berne, 1513. Elle fait deux traités avec son fils Philibert, 1516. Testament de Philibert de Châlons, 1520. Mort de Claude de Châlons, 1521. Mort de Philibert, 1530. Seigneuries appartenant à cette maison, 1365. Confisquées, 1392. Rendues, 1405. Protestation de la maison de Châlons contre le comte Conrad, 1396. Procès pour la succession de Châlons, 1532, 1533, 1534, 1538, 1540, 1541, 1542, 1543, 1544, 1545, 1546, 1548, 1551, 1553, 1556, 1557. Prétentions de la maison de Châlons sur Neuchâtel, 1664. Terres qui ont appartenu à cette maison, 1702, 1707.

CHAMBRE. De Malines, 1467, Chambre féodale établie, 1532, 1610, 1617. Chambre consistoriale de Valangin, 1538. Comte de la Chambre, 1463. Chambre économique des biens d'église, son établissement, 1707, 1716.

CHAMBRIER. De France, 1418. Chambrier de Neuchâtel, 1480, 1537, 1487, 1503, 1505, 1536, 1546. Benoît Chambrier, déclaré capable de tenir fief, 1537. Déclaré noble, 1547.

CHAMP. Que l'on tient par usufruit, comment il en est mesuré, 1593. Champ de bataille, 1214. art. 29.

CHAMP-DU-MOULIN. Accensé à Auvernier, 1526.

CHAMPREVEYRES. Terre donnée à l'abbaye de Fontaine-André, 1150.

CHAMPVENT. 1378. (V. 1344.)

CHANCELIER. (Voyez *Secrétaire général.*) Stenglin, premier chancelier, 1651, 1661.

CHANCRE. Brûlant, 1682.

CHANGE. D'argent défendu, 1626.

CHANGEURS. Causent des malheurs, 1620, 1711.

CHANGEMENT. Du Calendrier, 1582, 1700.

CHANOINES. De St-Imier, 884, 1160. De Soleure, 937. De Neuchâtel établis, 1180, 1206. Leurs pensions, 1539. Chanoines de Neuchâtel se font bourgeois de Berne, 1406. Ils étaient douze en nombre y compris le prévôt, 1473. Ils étaient francs de censes par rapport aux biens d'Eglise, 1214 art. 22. Ils devaient les giettes à l'égard de leurs biens particuliers, 1526. L'ohmgeld, 1526. Ils sont exclus des Audiences, 1531. Leurs pensions continuées, 1537. Chanoines de Valangin établis, 1505. Abolis, 1536.

CHANSONS. Profanes défendues, 1594, 1616, 1630.

CHAPEAUX. Rouges, 1243. Chapeaux de paille, 1476.

CHAPELAIN. Envoyé à Fenin, 1206.

CHAPELLE. Bâtie à Fenin, 1206, 1224. Au Landeron, 1324. A Lignières, 1326. A St-Blaise, 1360. La chapelle de St-Jacques à Neuchâtel bâtie en 1370. Chapelle de St-Guillaume ibid., 1456. De Ste-Marie-Madeleine, 1382. De St-Nicolas aux Verrières, 1373. De Cressier, bâtie, 1400. De Corcelles, brûlée en 1406. De Buttes et de St-Sulpice, leur collateur et donateur, 1503. Chapelle des Trois-Rois, bâtie en 1465. D'Auvernier, bâtie en 1477. De St-Clément au temple du Prieuré du Val-de-Travers, 1481. De St-Antoine à Neuchâtel, 1482. De St-Nicolas à Neuchâtel, 1482. Des Trois-Rois, 1484. De Notre-Dame de Pitié à Colombier, 1488; à Neuchâtel, 1512. Chapelle bâtie à la Sagne, 1498; à Cortaillod, 1503. Celle de St-Grégoire à Neuchâtel, 1505. De St-Léonard à Neuchâtel, 1517. De St-Jean à Neuchâtel, démolie, 1530. Chapelle de Cressier agrandie, 1608. Aux Ponts-de-Martel, 1614, 1630.

CHAPITRE. De Neuchâtel. Berthold, évêque de Lausanne, lui fait une donation, 1213. Ce chapitre fait des statuts, 1360. Il demande à Jean de Châlons la confirmation de ses franchises, 1407. Le chapitre de Neuchâtel se retire, 1530. Chapitre (voir *Clergé, Classe*). Chapitre de Lausanne, 1394. De Neuchâtel, 1206. De Valangin érigé, 1500, 1505, 1513. Chapitre de St-Imier, ordre à lui donné, 1527. Difficulté entre le Chapitre de Neuchâtel et celui de St-Imier, 1475.

CHAPONS. De chaponnerie, 1406, 1433, 1473, 1654. Chapons rachetés par Claude de Neuchâtel, 1586.

CHAPONNEAU. Collègue de Farel, a un différend avec lui, 1542, 1544. Sa mort, 1545.

CHARGE-AYANT. Doit être cité, 1671.

CHARLEMAGNE. 768. Sa mort, 814.

CHARLES. Bâtard, 713. Charles Martel, 730. Sa mort, 746. Charles, roi de Hongrie, sa mort, 809. Charles le Gros, 876. Vaincu par les Normands, 887. Il tombe dans la démence, 887. Sa mort, 887. Charles de Champagne, 1495, 1498. Charles-le-Téméraire, duc de Bourgogne, défie les Suisses, 1473. Entrevue entre l'empereur et lui, 1473. Il fomente des troubles, 1473. Ses troupes font en Alsace des ravages, dont Neuchâtel est exempt, 1474. Il attaque la Lorraine et la prend, 1475. Louis XI renonce par serment en faveur du duc à l'alliance des Confédérés, 1475. Charles veut rétablir le royaume de Bourgogne, 1475. Offres que lui font les Suisses, 1476. Il les rejette, 1476. Il vient en Suisse, 1476. Son armée, ses généraux, 1476. Il assiége Grandson, est battu et s'enfuit, 1476. Il arme de nouveau, revient en Suisse, assiége Morat, est battu et s'enfuit, 1476. Il assemble les Etats de Bourgogne, lève des troupes et va assiéger Nancy, 1476. Où il est tué par les Suisses. Ses titres, 1477. Charles-Paris d'Orléans, sa naissance, 1649. Il va en guerre, 1667. Il vient à Neuchâtel, 1668. Sa bénéficence. Son départ. Il remet à sa mère son autorité, 1668. Va en Candie, 1668. Il fait son testament, 1672. Il est tué et laisse un fils naturel, 1672, qui meurt en 1689.

CHARLOTTE. D'Orléans, son mariage, 1528. Sa mort, 1543, 1549. Charlotte de Neuchâtel, son mariage, 1656. Succède à son père le baron de Gorgier, 1680. Elle présente un placet à Madame de Nemours, 1680. Son testament et sa mort, 1718.

CHARROIS. 1406, 1654 art. 11.

CHARRUES. De Colombier, 1445.

CHARTRES. De Bourgogne, 1478. Chartres de Neuchâtel dépouillées, 1519. (V. *Archives.*)

CHASSAGNE. 1523, 1526, 1547.

CHASSE. 1372, 1403, 1408, 1004. Droit de chasse, 1004. Difficulté pour la chasse, 1474. Chasse permise sur Valangin aux sujets du Comté de Neuchâtel, 1408, 1453 art. 17. Chasse, 1537. Défendue le dimanche, 1553. Intendant de la chasse, 1569. Mandement contre la chasse, 1626. Chasse accordée, 1573. Chasse générale, 1672, 1710.

CHATEAUX. Quarante châteaux ou forts bâtis sur le Rhin, 37. Bâtis, 290. Châteaux au Val-de-Ruz, 1132. Châteaux de Morat et de Grandson bâtis, 815. De Roussillon, 871. De Calwe, 1033. Châteaux bâtis en Suisse, 294. Leur usage; ces châteaux inféodés, 294. Châteaux de Colombier, Rochefort, Vaumarcus et Gorgier, bâtis, 1225, Le Châtelard auprès de Bevaix, 1225, 1412. Château de Neuchâtel. Le vieux, 930. Celui d'aujourd'hui, 1250, 1259. Château de Schlossberg, 1284. D'Erguel, 1284. De Guldenfels, 1284. Château de Neuchâtel échangé, 1308. De Porrentruy bâti, 1466.

De Neuchâtel réparé, 1485. De Hocquincourt démoli, 1309. De Thielle, sa garde remise, 1286. Châteaux devenus des repaires de brigands démolis, 1366, 1371, 1374, 1412. Château de Boudry bâti, 1278. De Valangin, 1155. Donné en fief à l'évêque de Bâle, 1296. Remis au comte de Montbéliard, 1297. Il passe au comte Rollin par un échange, 1338. Le comte Rollin le vend au seigneur de Valangin, 1340. Château de Vaumarcus, par qui il doit être gardé, 1413. De Neuchâtel, ses réparations, 1454 art. 15. Réparé, 1692. Château de Travers bâti, 1529. De Fenin, 1561. De Môtiers ou Châtelard, 1218, 1412. Châteaux renversés par des tremblements de terre, 1117, 1356.

CHATELAIN. De Neuchâtel, 1351. De Valangin, 1498. Du Val-de-Travers, 1347, 1480. De Boudry, 1531. Son gage, 1531. Les châtelains doivent résider dans leurs châtelainies, 1593.

CHATELAINIES. Etablies dans le comté de Neuchâtel et pourquoi ainsi nommées, 1347.

CHARTREUX. De la Lance, 1539.

CHATIÉS. Comme perfides, 1475, 1585. Ces mots corrigés, 1585.

CHATIER. Les défaillants, 1594.

CHAUMONT. (V. *Nicolas.*) Chaumont pâturages, 1523, 1524.

CHAVORNAY. On y tient les assises, 927.

CHAUSSES. Droit des chausses, 1481. Couper des chausses et pourpoints est défendu, 1550.

CHAUX-DE-FONDS. 1372, 1517, 1527. Son temple bâti, 1518. Sa délimitation, 1550. La paroisse, 1550, 1560. Distrait de la juridiction de Valangin, 1618. Ses quartiers, 1619. Erigée en mairie, 1656. Sa justice établie, 1656, 1659. Ses limites, 1659. Son marché, 1721.

CHAUX-DU-MILIEU. Erigée en église, 1716.

CHEDAUX. De bétail illicites défendus; chédaux légitimes permis, 1547, 1604.

CHEF. Donner un seul chef à l'Etat est requis, 1552, 1553, 1555.

CHEMIN. Grand chemin, 1132. Neuchâtel insiste pour un chemin à travers le Doubs, 1529. Chemin public fait au Locle, 1378. Réparations des chemins, 1406 art. 6.

CHENILLES. 1502, 1506, 1716.

CHERTÉ. 820, 905, 939, 1004, 1121, 1141, 1150, 1202, 1225, 1233, 1236, 1252, 1289, 1314, 1320, 1337, 1344, 1359, 1360, 1375, 1418, 1427, 1430, 1432, 1433, 1435, 1437, 1438, 1439, 1447, 1477, 1481, 1482, 1485, 1502, 1504, 1512, 1513, 1517, 1518, 1524, 1528, 1529, 1530, 1533, 1534, 1545, 1566, 1569, 1571, 1572, 1573, 1586, 1589, 1610, 1614, 1622, 1623, 1624, 1626, 1627, 1628, 1629, 1630, 1635, 1636, 1639, 1640, 1641, 1642, 1662, 1689, 1693, 1709. Cherté de bétail, 1714.

CHESAUX. Du château non édifiés, 1214 art. 20, 1454 art. 21. Chesaux de Neuchâtel, 1454 art. 13, 1457.

CHEVALIER. Du St-Sépulcre, 1404. Origine de cette dignité, 1403. De St-Jean, de Rhodes, de Malte, 1403. De la Toison d'or établis, 1430, 1467, 1468. Chevalier de Longueville, sa mort, 1689. Chevalier de Soissons, son origine, 1641. Il vient à Neuchâtel, 1694, 1699. Son contrat de mariage, 1694, 1699. Donation faite en sa faveur, 1699, Sa mort, 1699. Sa veuve vient à Neuchâtel et prétend à la souveraineté, 1707.

CHEVAUCHÉE. 420, 888, 1375, 1406.

CHEVAUX. A bas prix, 1476. Sonnette d'un cheval dérobée, 504 art. 10.

CHEVEUX. Empoigner par les cheveux, 504 art. 10.

CHEVROUX. Dîme de chevroux, 1310.

CHEZARD. 1547.

CHIENS. Enragés, 1622, 1721.

CHILDEBERT. Est vaincu, 596. Childebert, 695. Sa mort, 711.

CHILDERIC III. Roi fainéant mis dans un couvent, 742, 750.

CHILMÉGISILE. Evêque d'Avenches, 531, 537.

CHILPÉRIC. Surnommé Clerc, 715.

CHONODOMARIUS. Roi des Allemands, 347.

CHORIAUX. Chorie, 1473.

CHŒUR. Enfants de chœur, leur maison à Neuchâtel, 1539.

CHRISTIANISME. Introduit en Suisse, 75. Ses progrès, 138, 171, 287, 363, 616. (V. *Evangile*) 496, 510, 514.

CHRISTOPHE. 1478. Christophe, marquis de Bade, 1490, 1499. Il se saisit des Seigneuries du Brisgau, 1503. Il écrit aux cantons pour avoir Neuchâtel, 1503. Sa mort, 1515. Christophe d'Uttenheim, évêque de Bâle, résigne son évêché, 1527. Christophe Libertet, dit Fabry, élu pasteur à Neuchâtel, 1532. Il va à Boudevilliers, 1532. Il y établit un pasteur, 1532. Il va à Boudry, 1532. Ses lettres à Farel, 1535. Pasteur de Genève, 1535. De Thonon, 1536. Il écrit à Farel, 1542. Il est élu pasteur à Neuchâtel, 1546, 1548, 1562, 1563, Prisonnier délivré, 1562. Il écrit à Farel, 1565.

CHUFFORT. Délimitation, 1698.

CHULES. Isabelle le retient, 1377.

CIMETIÈRE. De Neuchâtel, 1539. Changé, 1569. Des Ponts de Martel, 1630. De Neuchâtel doit être commun, 1406.

CIRE. Du four d'Auvernier appréciée, 1539.

CITATION. Du prince à Berne, 1617, 1618. Ce que contenait celle de 1718. Une seule citation suffit, 1668.

CITOYEN. 1036.

CLAME. (V. *Corde.*) Clames grosses et petites, 1412. Elles doivent être enregistrées, 1558. On doit plaider par clame, 1565, et se clamer dans la huitaine, 1635, 1671, 1672, 1673, 1676.

CLASSE. De Neuchâtel, son établissement, 1532. Elle dépose deux ministres, 1539. Les excommunie, 1539. Elle est appelée chapitre ou congrégation, 1536. Elle soutient Farel, 1541. Elle écrit à Berne, 1554.

Elle consent aux degrés défendus pour le mariage, 1560. Classe de Valangin se plaint au comte Réné de la justice consistoriale, 1547. Elle obtient un diacre, 1566. Classe, sa requête, 1547. Ordre de classe, ce que c'est que la classe, et qu'elle a la liberté de s'assembler, 1547. Demandes de la classe, 1594. La classe de Valangin élit un pasteur, 1569. Les deux classes de Neuchâtel et de Valangin s'unissent ensemble, 1592. La classe de Neuchâtel inste pour un jour de jeune, 1630. Sentence contre elle, 1657. Résolution de la classe, 1665. Elle députe à Paris, 1670. A Berne, 1699. Elle fait bâtir un conclave, 1705. (V. *Assemblée des pasteurs.*)

CLAUDE. Claude Tibère, empereur, 41. Sa mort, 54. Tacite, empereur, 275. Sa mort, 276. Claude d'Arberg, reçu bourgeois de Berne, 1478. Son mariage, 1474. Il promet de rendre hommage à Philippe de Hochberg, 1488. Ce qu'ayant fait Philippe fait main mise, 1499. Il va à Rome, son vœu, 1500. Sa demande au pape, 1500. Il érige une église collégiale, 1500. Il prétend réunir Boudevilliers à la seigneurie de Valangin, 1504. Il rend hommage aux cantons, 1513. Sa mort, 1517. Claude d'Orléans, duc de Longueville, 1524. Il laisse un fils naturel nommé Claude, 1524, 1543. Claude des Pontins, 1500. Sa mort, 1524. Claude seigneur de Vaumarcus, 1495. Louis d'Orléans lui rend son fief, 1507. Philippe de Hochberg le lui remet, 1487. Il en fait part à ses frères, 1492, 1495. Il est disgrâcié, 1504. Privé de son fief, 1506. Il est réintégré, 1510. Son mariage, 1510, 1529. Sa mort, 1539. Convenant entre lui et son fils Lancelot, 1534. Claude de Neuchâtel, frère de Lancelot, sa mort, 1541. De Neuchâtel rachète des chapons, 1586. Lieutenant gouverneur, 1588. Sa mort, 1590. Claude, fils de Lancelot, 1563, 1588, 1590. Claude, fille nourrie de Claude de Neuchâtel, 1540, 1544. Claude bâtard de Valangin, 1542. Claude Collier, sa procuration, 1542. De Coustable, 1582. Claude Mango, seigneur de Vuillerens, 1598. Claude Baillods. (V. *Baillods.*) Claude Clerc dit Guy, lieutenant-général de Valangin obtient la liberté de couper du bois blanc, 1576. Claude Miget, avocat, 1618. Claude Simonin, 1531. Claude Laurent, son testament, 1517. Claude de Montmollin, 1503. Claude Perret, dit Bonguet, emprisonné, 1584. Claude Antoine Dudin, évêqne de Fribourg, 1717.

CLAUDE (St.) Erigé en fief, 1663. Défiéfé, 1664.

CLAUS. Frère Claus, 1481.

CLEFS. Maître de clefs, leur origine, 1522.

CLERCS. Du comte, 1651. Clercs doivent servir en justice, 1537, 1580. (V. *Notaires.*) Leur salaire, 1547. Clerc condamné pour n'avoir pas dressé une remaise, 1553. Ils doivent enrégistrer, 1558, 1580.

CLERGÉ. De Neuchâtel, ses assemblées, 1464. Il obtient un vidimus, 1477.

CLERON. (V. *Fief.*)

CLOS. De la franchise, 1372, 1480. 1669.

CLOCHES. De Neuchâtel, 1306. Refondues, 1539, 1566, 1583. Cloches de la Chaux-de-Fonds, 1523, 1624. Cloches du Locle baptisées, 1526.

CLOÎTRE. De Neuchâtel, 1539.

CLOSEL. Mettre en clôsel, 1526.

CLOTAIRE. 555. Sa mort, 563. Clotaire vient en Suisse, 620. Il réforme les lois, 620, 631. Clotaire, fils de Childebert, couronné, 715.

CLOSURE (de la). Son mémoire, 1707.

CLOVIS II. 644. Sa mort, 662.

CLUSETTE. Fort de la Clusette, 1413.

CODICILE. 1674. De Philibert de Châlons, 1521.

COERCITION. 1406.

COLBERT. Sa proposition à la princesse, rejetée, 1682.

COLLATÉRALE. Il n'y a aucune représentation en cette ligne, 1642. La ligne droite est préférée à la collattérale, 1644.

COLLATEUR. 1503, 1516, 1520, 1539. De Corcelles, 1536. De Serrières, 1617.

COLLATION. Et patronage de Saint-Aubin, achetée par les paroissiens, 1566. Confirmée, 1572. (V. Patronage de Serrières, 1617.)

COLLECTE. 1591, 1685. Pour Neuchâtel, 1714.

COLLETS. De cuir, 1550.

COLLOCATION. Dans un décret, 1674. Au décret de Gorgier, 1573.

COLLOMB. Louis Collomb, abbé de Fontaine-André, 1536. Sa mort 1539.

COLLOQUE. De Poissy, 1561.

COLOMBIER. Erigé en seigneurie, 1225. Mort du seigneur de Colombier, 1263, 1292, 1348, 1379, 1380, 1382. Vauthier de Colombier, son mariage, 1380. Sa mort, 1414. Renaud de Colombier, sa mort, 1427. Jean de Colombier, sa mort, 1449. Antoine de Colombier, 1469. Sa mort, extinction de la maison, 1488. Lienhard de Chauvirey lui succède, 1488, 1511, 1513. En quoi consistait la seigneurie de Colombier, 1564. Pressoir de Colombier, 1627. (V. *Pressoir.*) Le prince accorde au seigneur de Colombier la justice criminelle et le ban, 1531. Il pouvait imposer des tailles, 1532. Cette seigneurie partagée, 1536. Procès du seigneur de Colombier avec Auvernier, 1553. Cette seigneurie offerte à vendre, 1561. Léonor d'Orléans l'acquiert, 1563. L'acte est dressé, 1564, 1566. Colombier est en différend avec son curé pour les charrues et la maintenance de la maison de cure, 1445, 1544, 1574, 1657.

COLOMBAN. Prêche l'Evangile, 616, 622.

COLOMMIERS. Mme. de Nemours y est envoyée en exil par Louis XIV, 1699. Rappelée, 1701.

COLONNES et Bonjons, 1454 art. 39.

COFFRANE. Le Breuil, 1530, 1539. La dixme, 1529. Le pâturage, 1486, 1547, 1550. Bataille de Coffrane, 1295, 1480. Coffrane et Montmollin, 1704.

COLONIES. Envoyées par les Romains en Suisse, Tom. I, page 17. An 60, 75, 604. Pour le Mississipi, 1719.

COULOUVRENIERS. Leur compagnie établie à Neuchâtel, 1506 et 1542.

COMBAT. Entre les chiens à Morat, 1476.

COMBE. 1340.

COMBETTE-MIJOUX. 1153, 1372.

COMBLE. Emine à comble, 1595 art. 18.

COMBOURGEOISIE et ALLIANCE. Entre Berne et Fribourg, 1243, 1402. Entre le comte Rollin et la ville de Berne, 1307. Entre le comte Louis et la ville de Soleure, 1342. Renouvelée, 1369. Entre Berne et Bienne, 1306. Renouvelée, 1369. Entre Berne et Bienne, 1306. Renouvelée, 1352, 1365. Entre le comte de Neuchâtel et Soleure, 1373, 1396. Entre Berne et la Neuveville, 1388. Entre le comte Conrad et la ville de Berne, 1399. Entre Berne et le seigneur de Valangin, 1385. Renouvelée, 1451. Rendue perpétuelle, 1427. Renouvelée entre Jean de Fribourg et la ville de Berne, 1424. Renouvelée entre le comte Conrad et Soleure, 1406. Renouvelée entre le comte de Neuchâtel et Berne, 1458, 1473. Renouvelée entre Philippe de Hochberg et Soleure, 1482. Renouvelée avec Soleure, 1458. Renouvelée entre Berne et le comte Conrad, la ville de Neuchâtel, les chanoines de Neuchâtel ; ce dont on a dressé trois actes, 1406. Renouvelée, 1417, 1529, 1505. Renouvelée entre Philippe de Hochberg et Berne, 1486. Renouvelée entre Philippe de Hochberg et Soleure, 1482, 1486. Contractée avec Fribourg, 1495. Renouvelée, 1503. Renouvelée avec Lucerne et Soleure, 1503. Contractée avec Lucerne, 1501. Contractée entre Berne et René de Challant, 1522. Renouvelée 1544. Entre Léonor d'Orléans et les quatre cantons, 1570. Renouvelée entre Berne, Fribourg et Lausanne, 1525. Combourgeoisie de Berne renouvelée au nom du prince, 1583. Combourgeoisie de Berne avec la Prévôté, 1613. Renouvelée entre Berne et la ville de Neuchâtel, 1550, 1570, 1573, 1616. La lettre renouvelée, 1582. Combourgeoisie de Lucerne, Fribourg et Soleure, renouvelée par Jacques de Savoye, 1556. Renouvelée, 1599. Les bourgeois externes refusent de se joindre aux internes, 1599. Instances pour ce renouvellement, 1600. Combourgeoisie entre Berne et Valangin, renouvelée, 1537. Faite entre le canton de Soleure et le Landeron.... Renouvelée, 1594. Combourgeoisie entre la Neuveville et Cerlier, 1578.

COMÈTES. 52, 68, 75, 392, 538, 603, 678, 725, 745, 763, 800, 838, 843, 868, 942, 943, 1000, 1004, 1027, 1223, 1240, 1254, 1264, 1301, 1313, 1315, 1337, 1340, 1352, 1373, 1400, 1432, 1456, 1457, 1472, 1506,

1527, 876, 882, 905, 983, 1045, 1097, 1146, 1500, 1530, 1531, 1532, 1533, 1538, 1539, 1543, 1555, 1556, 1560, 1577, 1580, 1582, 1590, 1593, 1596, 1604, 1618, 1619, 1652, 1661, 1664, 1665, 1680.

COMMANDANT. En chef, 1714.

COMMANDE. Donner une abbaye en commande, 858, 1106, 1111.

COMMANDISES. 1504.

COMMERCE. Libre du vin, 1351, 1384. Commerce défendu, 1531, 1547, 1678, 1711.

COMMISE. 1412, 1433 ; 1571. Proteste pour la commise de Valangin, 1571, 1592.

COMMISSAIRE. Général, 1547. Commissaires établis à Valangin, 1538. Commissaires, 1539. Leur office, 1539, 1585. (V. Consistoire.)

COMMODE. Empereur romain, 181. Sa mort, 192.

COMMUNANCE. 1406, 1411.

COMMUNAUTÉS. Le droit d'en avoir accordé aux Suisses, 68. Communautés du Val-de-Ruz prêtent serment à la princesse, 1595. Les causes des communautés sont jugées en Conseil d'Etat, 1693. Recours du gouvernement aux communautés, 1699. Communautés consultées, 1707. Par qui leurs causes doivent être jugées, 1552, 1560, 1566, 1580. Défense aux communautés d'acheter des fonds, 1574, 1580. Les communautés doivent du bois aux ministres, 1594. Défense aux notaires de recevoir des actes, 1574

COMMUNION. Le temps de la communion, 1539, 1552, 1564. Communion de biens, 1679.

COMPAGNIES. De soldats levée à Neuchâtel, 1575, 1716. Compagnie des tonneliers à Neuchâtel, 1472, 1478. Des bateliers, pêcheurs et cossons, 1482. Des coulouvreniers, 1506, 1542. Des Favres, 1520. Des marchands, 1507, 1554. Des vignerons, 1520, 1687. Des tailleurs, 1651.

COMPARAITRE. En jugement, 1214 art. 4.

COMPERSONNIERS. Peuvent retraire, 1664.

COMPILATION. De plusieurs lois, 1569.

COMPLOTS. Contre le ministère, 1546.

COMPROMIS. Entre Isabelle et Marguerite de Wufflens, 1378. Entre Louis de Châlons et Jean de Fribourg, 1453. Non exécuté, 1467, 1475. Entre le duc de Savoie et Philippe de Hochberg, 1501. Compromis pour la paix, 1656. Compromis doit être effectué, 1626, 1657, 1666. Est irrévocable, 1684. Les arbitres doivent éclaircir, 1691. Compromis des princesses, 1673. Pour la paix, 1656.

COMPTES. Compte peut être revu, 1671. Doit être clair, 1672. Comptes de la ville de Neuchâtel, 1522. Dits pour des veuves, 1683. Comptes entre les princes de Montbéliard et de Neuchâtel, 1592. Pour Valangin, 1581. Dits de l'hôpital, 1585. Compte doit être rendu par serment, 1662, 1700.

COMTES. Leurs droits, 888. Ce qu'ils étaient au commencement, 414. Ils étaient établis pour exercer l'office de judicature, 1034. Origine du nom de comtes, 1034. Ils exerçaient seuls la justice, 1214. Progrès des comtes, 1214. Différence entre les còmtes et baillifs, 1214. Comtes de la Suisse se font souverains, 1250, 1275. Ils attaquent les villes et sont vaincus, 1250. Celui de Neuchâtel subsiste, 1250. Il refuse de rendre hommage à l'empereur, 1275. Comtes et barons faits prisonniers, 1259. Leur rançon, 1260. Ils rendent hommage, 1260. Comtes devenus voleurs, 1366, 1371, 1412. Comte D'Avy. (V. *Madrutz.*) Comte de Bourgogne était souverain, 888, 895, 936. Titre du comte de Bourgogne disputé, 1153. Comtes de Neuchâtel, leur origine et celle de leurs armes, 895, 936. Ulrich, premier comte ou baron de Neuchâtel, 1034. 1191. Leur droit d'assister aux Etats de Bourgogne, 1218. Le comte de Neuchâtel se prononce pour le parti du Perroquet, 1258. Contre Raoul de Habsbourg, 1267, 1272. Il prend le parti du comte de Montbéliard, 1283. Contre l'empereur, 1283. Le comte doit restituer, 1406 art. 11.

COMTÉ. De Neuchâtel n'était pas peuplé, 1035. Comtés de la Suisse rendus héréditaires, 858, 912. Ils sont aliénables, 1522. Déclarés indivisibles, 1156. Comté de Neuchâtel pris par les cantons, 1512. Rendu à Jeanne de Hochberg, 1529.

CONCILES. De Nice, 326. De Cologne, 347. D'Orléans, 510. De Besme, 510. D'Espeaune, 517. D'Orléans, 535. D'Auvergne, 538. De Mâcon, 585. De Châlons, 644. De Genève, 726. De Francfort, 794, 809. De Fribourg, 895. De Tournus, 948. De Romont, 1033. De Constance, 1044. De Mayence, 1072. De Vezelay, 1145. De Pavie, 1160. De Besançon, 1163. De Lyon, 1245. De Constance, 1414. Deux papes quittent Constance, 1415. Le pape Jean XXIII s'évade aussi, 1415. Concile de Bâle, 1431. Transporté à Lausanne, 1448.

CONCIERGE. A Môtiers, 1595.

CONCISE. 1248.

CONCLAVE. De la classe bâti, 1705.

CONDÉ. Le prince de Condé reconnu à Neuchâtel, 1682. Il écrit à Berne, 1683. Sa mort, 1686.

CONDITIONS. Des habitants de la Suisse sont différentes et d'où cela procède, Tom. 1, page 15. An 504, 1035, 1340.

CONFÉRENCE. Tenue à Orbe, 879. A Bienne, 1410. A Zofingue, 1450. Entre Louis de Châlons et Jean de Fribourg, 1453. A Neuchâtel, 1575. A Arberg, 1618. (V. *Journée.*) A Paris, 1672. Conférence refusée, 1673. Conférence tenue à Bienne, 1699. A Bevaix, 1704. A Grandson, 1714. A Bouvillard, 1715. A Langenthal, 1717. A Delay près de Portalban, 1718.

CONFESSION. Helvétique, 1537. Confession de Zurich et Neuchâtel, 1549, 1566.

CONFESSIONNAL. Donné aux Deux-Cents de Berne, 1518.

CONFISCATIONS. Appartiennent au prince, 1589.

CONFRÉRIES. De Neuchâtel, 1476. Du Saint-Esprit, 1400. De St-Nicolas, 1482, 1531, 1559. Des Sandoz, 1603. De Fontaines, 1400. But des confréries, 1603. Confrérie de Berne à l'honneur de Ste.-Anne dissipée, 1515.

CONFIÉ. Bien-fonds vendu est confié, 1671.

CONFIRMATION. Des promesses de S. M. prussienne, 1701.

CONGÉ. Par qui il peut être accordé, 1553. Congé requis aux divorciés pour se remarier, 1550. Sans ce congé le mariage est nul, 1550.

CONJURATION. 504 art. 18.

CONNAISSANCE. De justice nécessaire pour acquérir un fond, 1406. De justice, 1565, 1580.

CONOD. De Vautravers, 1392.

CONQUÊTES. Des Suisses, comment partagées, 1471.

CONRAD. Comte de la Petite-Bourgogne, ses armes, 867. Sa mort 888. Conrad, empereur, 912. Rendu tributaire des Huns, 917. Sa mort, 920. Conrad II, empereur, 1024. Brûle Neuchâtel, 1034. Il vient à Soleure, 1038. Sa mort, 1039. Conrad, roi de Bourgogne, sa naissance, 920. Va sous la cour de l'empereur, 936. Est couronné à Genève, 939. Epouse Mathilde, 948. Et va demeurer à Lausanne, 948. Il va à Arles, 950. Il devient le vassal de l'empereur, 950. Il va à Rome, 961. Il surmonte ses ennemis par un stratagème, 967. Sa mort, 990. Conrad ou Conod, évêque de Lausanne, 1090, 1099. Conrad III, empereur, 1138. Sa mort, 1152. Conrad duc de Zeringen, 1121. Sa mort, 1152. Conrad de Fribourg, sa naissance, 1376. Son mariage, 1394. Il succède à sa tante Isabelle comme seigneur de Neuchâtel, 1395. Terres qu'il possédait, 1396. Il s'allie avec Berne pour cinq ans, 1399. Il se rend dans la Terre Sainte, 1404. Mort de son fils, 1404. Il revient de son voyage, 1406. Il attaque les chanoines de Neuchâtel et quelques bourgeois, 1406. Il va à Nozeroy, 1407. Il retourne dans la Terre-Sainte, 1408. Il découvre de faux actes et se rend à Berne pour s'en plaindre, 1409. Il fait exécuter les auteurs de ces actes, 1412. Il se rend encore à Berne, 1414. Sa mort, 1424. Conrad Mönch, évêque de Bâle, 1393.

CONSEIL D'ÉTAT. Son origine, 1404. Son arrêt contre les deux princes pour ne donner qu'un chef à l'Etat, 1557. Il informe la princesse sur la vendition de Travers, 1586. Les bourgeois externes y paraissent contre les internes, 1599. Il est juge des différends qu'ont les communautés, 1566, 1693. De ce qui regarde le temporel des ministres, 1582. Sa précaution, 1694.

CONSEIL DE VILLE DE NEUCHATEL. 1214. Conseil des Quarante établi à Neuchâtel, 1529. Ses droits, 1529, 1549, 1657, 1658. Conseil de ville député à Berne contre les bourgeois externes, 1599. Il refuse de se soumettre au Conseil d'Etat, 1599. Il députe à Berne, 1617. Il prie le prince de prêter serment, 1617, 1618. Déclaration du prince au Conseil de ville, 1618. Sa résolution contre le prince, 1618. Arrêt du Conseil de ville pour ses quatre juges des Trois-Etats, 1695. Le Conseil de ville cite la duchesse de Nemours à Berne, 1697. Somme remise au Conseil de ville, 1709.

CONSEILLERS D'ETAT. Non parents peuvent juger aux causes du prince, 1569. Le nombre des conseillers augmenté, 1709.

CONSEILLERS DE VILLE. Ce qu'ils doivent au prince, 1453 art. 14.

CONSENTEMENT. Du comte était requis aux venditions, 1214 art. 25, 1454 art. 25. Consentement du souverain nécessaire à un roturier pour acheter, posséder, hypothéquer un fief, le donner par testament, l'aliéner, et pour juger aux Audiences, 1537, 1553. Pour être bourgeois, 1707. Consentement du père requis au mariage de son enfant, 1536.

CONSISTOIRES. Consistoire seigneurial établi à Neuchâtel, 1538. A Valangin, à Môtiers, à St-Aubin, à Travers, 1538. Opposition du Conseil d'Etat, 1538. Cinq consistoires doivent être établis dans le comté de Neuchâtel, 1550. Les juges, émoluments, 1550. Consistoires seigneuriaux, leur autorité, 1547. Lettre de Berne pour en établir, 1549. Consistoire de Neuchâtel seul, c'est-à-dire la justice matrimoniale seule peut juger des mariages, 1550. Difficulté au sujet du consistoire de Neuchâtel, 1562. Consistoires monitifs établis au comté de Neuchâtel, 1562. On doit y paraître, 1564. La rebellion punie, 1564. Ils ne peuvent imposer aucune peine personnelle, ni prison, ni amende, 1564. Ils jugent des causes matrimoniales en première instance, 1564. Consistoire monitif établi à St-Aubin; à Travers, 1711. Consistoire seigneurial de Valangin, quand il doit s'assembler, 1552. Quel en est le président. Les pasteurs doivent lui révéler, etc. Il peut s'assembler extraordinairement; défendu aux pasteurs de faire faire réparations publiques, 1552. Pourquoi René de Challans fait cette défense, 1552. Mandement du consistoire seigneurial, 1553. Consistoires monitifs établis dans la seigneurie de Valangin à Fontaines, 1562. Consistoire seigneurial de Valangin établi, 1547. Ses premiers juges, 1547. Comment on y procédait; ses émoluments 1547. La justice consistoriale de Valangin n'était pas un consistoire, 1547.. Ce que c'est qu'un consistoire, 1547. Des témoins y doivent être entendus, 1547, 1550, 1552. Consistoires monitifs, 1538, 1542, 1547, 1564.

CONSPIRATION. Contre Fabry à Boudry, 1532.

CONSTANT. Empereur, 304. Sa mort, 353.

CONSTANTIN. Le grand, empereur, 306. Sa mort, 377. Constantin II, empereur, 337. Sa mort, 340.

CONSTANCE. Associé à l'empire, 290. Sa mort, 306. Constance, empereur, 353. Sa mort, 361. Constance, comte qui commandait dans les Gaules, 412, 414. Constance, Ville brûlée, Tom. I, page 12. Rebâtie an 308.

CONSTITUTIONS. Ecclésiastiques, 1536, 1546, 1552, 1553. Leur confirmation, 1553. Leur publication doit se faire deux fois l'année, 1536, 1541, 1542, 1549, 1553. Constitutions et ordonnances ecclésiastiques publiées à Valangin, 1564. Constitutions de Valangin, 1539. Confirmée par René de Challant, 1539. (V. Ordonnances.)

CONTAGION. 1382, 1517, 1583, 1682. Sur les pourceaux, 1506.

CONTESTES Au sujet de la préséance, 1547, 1559, 1720. (Voyez Préséance, Différend.)

CONTI. Le prince de Conti plaide à Paris contre madame de Nemours, 1694. Ses députés, 1694. Sentence de Paris en sa faveur 1697. Il est élu roi de Pologne. Sentence en sa faveur, 1698. Il vient à Neuchâtel, 1699. Sa demande, 1699. Il informe le roi Louis XIV, 1699, 1707. Il recuse des juges, 1707. Il arrive à Pontarlier; ses manifestes; sa protestation, 1707. Il donne une procuration. Son départ, 1707. Sa mort, 1709. Lettre de la princesse, sa veuve, aux bourgeois de Neuchâtel et Valangin, 1709. Naissance d'un jeune prince, appelé comte de la Marche, 1715.

CONTISTES. 1699.

CONTRAT. De mariage, 1694. (V. Traité.)

CONTRACTER. Est défendu aux pupiles, 1616. Ceux qui ne peuvent pas contracter, 1617.

CONTRAINDRE. Les enfants à se marier ne se doit, 1550. (V. Forcer.)

CONTRIBUTIONS. Pour les incendiés de Neuchâtel, 1714.

CONTROLEUR. De l'hôpital, 1585.

CONTUMACE. Passement contumace, 1532, 1553, 1580, 1588, 1618, 1672.

CONVENTION. Doit être ferme, 1691.

COPIE Des franchises demandée aux bourgeois de Neuchâtel par le comte Conrad, 1406. Copie des décrétales, 1566. Copie d'un règlement accordé aux Quatre-Ministraux, 1594.

COPPINGEN. Duc de ce nom fait prisonnier, 1259.

COQUELUCHE. Maladie, 1529.

CORAULT. Pasteur à Genève, aveugle, 1536. Congédié de Genève, il va à Orbe, 1538.

CORCELLES. Prieuré, 1278, 1538. Réparé, 1340. Il était de l'ordre de St-Benoît, 1340. Corcelles, village, brûlé, 1378. Chapelle brûlée, 1406. Le temple rebâti, 1409. Le prieuré rebâti, 1409, 1536, 1543. Le four de Corcelles, 1550. Bourgeois renoncés, 1618. Traité fait avec Auvernier, 1677. Corcelles réformé, 1531.

CORDE. Echelle de cordes, 1602. Corde alibère d'un bâtard, 1691.

CORDONNIERS. Ce qu'ils doivent, 1214 art. 7, 1454 art. 7. Leur confrérie, 1580.

mitée, 1550. Chaux-de-Fonds, Locle et la Sagne, 1619. Entre Gorgier et Bevaix, 1568. Entre le comté de Neuchâtel et la Sainte-Croix, 1577. Des terres de cure. 1594. Des paroisses des Montagnes, 1685. Val-de-Ruz et la Sagne, 1662. De la dîme de Neuchâtel, 1559. De la mairie de Neuchâtel, 1559.

DÉLIT. Doit être recherché dans le lieu où il est commis, 1703.

DÉLIVRANCE. De taxe. (V. *Débiteur.*)

DÉLUGE. 1480. Déluge arrivé à Neuchâtel, 1579. On répare le dommage, 1579. Présents faits à la ville à cette occasion, 1579.

DEMANDES. Demande est nécessaire pour déposséssionner, 1569. Doivent être enregistrées, 1558. Comment on doit les notifier, 1615. Demande formée est valable ou invalide, 1654. Comment on doit la suivre, 1668. Demande nouvelle doit être formée, 1668. Demande non prescrite, 1671. Dette non confessée requiert une demande, 1671. Demande d'injure, 1673. Demande prescrite, 1675. Hypothèque requiert une demande, 1689. Demande formée en matrimoniale pour désertion doit être notifiée aux parents, 1691. Demandes faites au gouvernement par la princesse, 1663. Réponse, 1664.

DÉMENCE. De l'abbé d'Orléans, 1672.

DÉMENTI. Donné aux Audiences puni, 1553, 1559, 1565, 1569.

DENI. D'audience, 1433. (V. *Refus.*)

DENIERS. De salaire, 1593. Tiers denier n'a point de lieu en fait de partage, 1672. Comment on peut s'en faire payer, 1597. Tiers denier établi, 1565. Confirmé, 1570. Éclaircissement à ce sujet, 1570. On ne peut pas le prendre pour le Widerfall, 1696.

DÉNOMBREMENT. Du comte de Neuchâtel. 1407,

DENRÉES. Qu'on ne peut pas amener dans la ville, 1454 art. 45. Le prince est préféré, 1453 art 8.

DÉPART. Ou *Abschied* fait à Neuchâtel, 1530.

DÉPENS. Celui qui demande plus qu'il ne lui est dû est condamné aux dépens, 1682. Règlement de dépens, 1683. Supportés par l'acteur, 1580. Dépens de justice, 1588. Taxés, 1622. Copie de modération de dépens doit être donnée, 1669. Dépens des Trois-Etats taxés, 1565. (V. *Frais.*) Dépens extraordinaires, 1570.

DÉPENSE. N'est pas due, 1683. Petite dépense, 1616.

DÉPOSITIONS. De ministres, 1537. Des pasteurs, 1564. D'un conseiller de ville, 1585. D'un justicier, 1585.

DÉPOSSESSIONNER. Ne se peut faire que par justice, 1553, 1678, 1695. Déposséssionner quelqu'un ne se peut faire que par une demande, 1569.

DÉPOT. Doit être présenté à la partie, 1553.

DÉPUTÉS. De Neuchâtel à Besançon, 1453. A Lausanne, 1453. En France, 1543, 1547, 1554. Députés de Berne et Fribourg à Neuchâtel, 1507, 1511. Des cantons, 1513, 1514. Leurs procédures, 1514, 1516, 1522, 1523, 1524, 1526. Des Etats voisins, 1694, 1699. Députés de Châlons à Berne au sujet de Neuchâtel, 1527. De Bienne à St-Imier, 1529. De Cortaillod à Baden, 1522. Députés de Berne à Valangin, 1531. De Savoie à Berne, 1548. De Berne à Neuchâtel, 1541, 1551, 1571. 1617, 1698, 1699. Députés du duc de Nemours, 1551. De Marie de Bourbon à Neuchâtel, 1551, à Soleure, 1576. Du comte de Tourniel, 1576. Députés de Neuchâtel au Conseil d'Etat, 1557. Députés de Marie de Bourbon à Chambéry, 1576, qui achètent Valangin, 1576. Députés à Berne au sujet de Valangin, 1584. De Valangin à Berne, 1589. Des Audiences à Berne; leur commission, 1557. Députés de Neuchâtel en France, 1558. Leur instruction, 1558. Le but de cette députation, 1558, 1559. Députés du prince à Berne, 1573. Députés de la ville de Neuchâtel à Berne, 1616, leur instruction, 1616. Contre les bourgeois externes, 1616. Contre le prince, 1617, 1618. Députés de Berne à Neuchâtel. Ils citent le prince, 1618; et les Quatre-Ministraux, 1618, 1657, 1680, 1698, 1699. Députés des Etats voisins à Neuchâtel, 1657, 1694. Des cantons, 1668, 1673, 1699. Députés de la Classe à Paris, 1670; à Berne, 1699. Députés de madame de Longueville, 1672, 1673. Du prince de Conti, 1694. Députés de Neuchâtel à Berne pour le vin, 1678, 1683. 1705, 1713, 1718. Pour le renouvellement de bourgeoisie, 1695, 1696. De Fribourg et Soleure, qui protestent, 1679. Contre le ministre Girard, 1699. Députés à Dijon à madame de Nemours, 1673, 1679. Des cantons à Bienne, 1699. Députés à Zurich, 1707. A Paris, 1715. M. Samuel Pury, conseiller d'état, député à Zurich, 1707, à Paris, 1715.

DERRIÈRE-MOULIN. 1375, 1563, 1573, 1642, 1721.

DÉSERTION DU MARIAGE. 1550. (V. *Absence, divorce, demande.*)

DESIDÉRIUS. 347.

DÉSOBÉISSANCE. Punie, 1550.

DÉSORDRES. Dans l'Empire et en Suisse, leur origine, 1274. Raoul de Habsbourg y remédie, 1275.

DESSEURÉS. C'est-à-dire Détronqués, 1452.

DÉSUNION. A Neuchâtel, 1451. (V. *Troubles.*)

DÉTRONQUÉS. Le bien des enfants détronqués remonte au père et à la mère, 1532, 1574. Enfants détronqués. 1662, 1678, 1712.

DETTES. Doivent être payées par l'héritier, 1569. D'un fils payées par le père, 1578. Des enfants émancipés, 1583. L'avoyer ne peut contracter des dettes, 1617. Les dettes d'un père doivent être payées par les enfants, 1678. Dettes liquides et illiquides, 1703 Dettes doivent être payées sur les acquêts, 1663. Dette non confessée, où il la faut rechercher, 1667. Dettes doivent être payées du bien du mari, 1671. Dette non confessée recquiert une demande, 1671.

Dettes d'un fils de famille, 1672. Dettes
de la femme se paient sur son bien, 1673.
Dettes sans obligation dues par une hoirie,
1673. Dettes d'un fils, 1689, 1702.
DEVINS. Leur punition, 1542, 1553, 1594,
1616, 1630, 1711.
DEVOIRS. D'un père de famille, 1647. Des
magistrats, des pasteurs, 1564.
DIACRES. Leur élection, 1564. Diacre de
Valangin, son établissement, 1566, de Môtiers, 1569.
DIAMANT. Du duc de Bourgogne, 1476.
DIDIER. Roi des Lombards, 771.
DIDIER. Julien, empereur romain, sa mort,
193.
DIESBACH. Louis de Diesbach de Berne,
premier baillif de Neuchâtel, pendant la
domination des Douze Cantons, 1512. George
de Diesbach, gouverneur de Neuchâtel,
1577.
DIESSE. Maison fort ancienne, Tom. I. page
14, an 1422, 1580. Claus de Diesse, 1414.
Didier de Diesse, 1535. Claude de Diesse,
1548 (V. *Fief.*) *Tour de Diesse*, Tom. I.
page 14, 1580, 1585. Jean de Diesse, 1595.
Montagne de Diesse, 1248. Quels sont les
droits, qu'y ont l'évêque de Bâle et de
Berne, 1450.
DIÈTE. A Bâle, 1033. (V. *Journée.*)
DIETHELM. De Toggenbourg, 1226.
DIFFÉREND. Entre les comtes de Neuchâtel, 1248, 1278. Entre l'évêque de Bâle et
le comte de Neuchâtel, 1282. Entre les
comtes d'Arberg, Valangin et Nidau, 1303.
Entre le comte Rollin et le baron de Grandson, 1336. Prononciation du comte de Savoie, 1336. Au sujet de Lignières, 1349.
Entre Grandson et le Val-de-Travers pour
les limites, 1350. Entre le comte Louis et
Althaud d'Estavayer, 1359. Entre la dame de
Valangin et le comte de Gruyères, 1366. Entre
la comtesse Isabelle et Marguerite de Wufflens, 1373, 1374, 1378. Entre le comte de
Savoie et le baron de Grandson, 1377.
Entre Isabelle et le baron de Grandson,
1388. Entre l'évêque de Bâle et les comtes
de Neuchâtel, 1403. Entre le comte de Savoie et Berne, 1410; pacifié par le comte
de Neuchâtel, ibid. Entre l'évêque de Bâle
et Thiébaud de Neuchâtel, 1423, 1424, 1426.
Entre Grandson et Sainte-Croix pour les
limites, 1446. Entre le comte de Neuchâtel
et le baron de Grandson, 1450. Entre le
magistrat de Berne et la noblesse, 1470;
terminé par Rod. de Hochberg, ibid., et par
l'évêque de Bâle, ibid. Différend pour
Boffremont, 1471. Pour la chapelle d'Auvernier, 1477. Entre le seigneur de Valangin et les taillables, 1480. Ils vont à Berne,
1480. Entre Grandson et le Val-de-Travers
pour les limites, 1484. Entre Philippe de
Hochberg et Fribourg pour Gorgier, 1490.
Entre Philippe de Hochberg et le duc de Savoie, 1501. Entre Claude et Simon de Neuchâtel, frères, 1512. Sentence des Audiences,
1512. Les différends entre Berne et Neuchâtel

comment ils doivent être terminés, 1406. Différend entre Neuchâtel et Cudrefin, 1406. Différend terminé par un combat, 1375. De
Lausanne au sujet de la religion, 1533.
Entre Farel et Chaponneau, 1542, 1544.
Entre le prince et la ville de Neuchâtel
pour la réception des bourgeois, 1545.
Entre les vassaux pour la séance, 1547,
1559. Entre les bourgeois internes et externes, 1548. Entre le petit et le grand
Conseil de Neuchâtel, 1549. Entre des mariés pour fait d'adultère, 1550. Entre baron
de Gorgier et ses sujets, 1554. Entre
l'évêque de Bâle et Bienne, 1556. Entre
le seigneur de Colombier et les Quatre
Ministraux, 1557. Entre le seigneur de
Travers et des sujets de Valangin, 1557.
La justice doit juger des différends entre
la seigneurie et ses sujets 1558. Les différends des communautés doivent se juger
en Conseil d'Etat, 1566. Différends pour
la doctrine, 1564. Différends pour les terres
du Brisgau, 1571, 1574, 1576, 1580, 1581.
Différend au sujet de Valangin renvoyé à
Baden, 1584; terminé par une sentence des
neuf cantons, 1584. Différend sur la vendition de la seigneurie de Travers, 1586.
Différend entre Grandson et le Val-de-Travers pour le bocchëage, 1603. Différend
entre l'évêque de Bâle et Berne, 1606.
Différend de la Seigneurie avec Berne au
sujet de la juridiction des rives du lac de
Bienne, 1688. De la ville de Neuchâtel
avec la seigneurie, 1688. Pour les péages,
1688. Avec Valangin, 1688.
DIFFICULTÉS. Entre le pays de Vaud et
Neuchâtel, 725. Entre plusieurs empereurs,
1275. Entre le comte de Neuchâtel et le
seigneur de Valangin, 1293. Comment ter-
minée, 1294. Entre le comte de Neuchâtel
et le baron de Grandson, 1317, 1334. Entre
les habitants de Mijoux et des Verrières,
1337. Entre le comte Louis et Etienne de
Montfaucon, 1343. Entre les villes de Neuchâtel et Cudrefin pour le péage, 1404.
Entre le duc de Savoie et Rodolphe de
Habsbourg, 1470. A l'égard du Landeron
et de Lignières, 1403. Entre le comte et
les bourgeois de Neuchâtel, 1406. Entre le
comte Louis et le seigneur de Gorgier, 1356,
1358. Entre Louis et le seigneur de Valangin au sujet des limites, 1359, 1424.
Entre Jean de Fribourg et le seigneur de
Colombier, 1444. Entre Jean de Fribourg
et la ville de Neuchâtel, 1451. Entre l'évêque de Bâle et LL. EE. de Berne, 1458.
Prononciation, ibid. Pour la chasse, 1474.
Le comte et la ville vont pour ce sujet à
Berne, 1474. Pour la dîme de Treyporta,
1475. Entre le seigneur de Valangin et les
francs habergeants, 1476, 1477, 1478. Entre
les cantons, 1481. Entre le duc de Savoie
et Rodolphe de Habsbourg et autres, 1483,
terminés, ibid. Entre Rodolphe de Habsbourg et la ville de Neuchâtel, pour des
prisonniers, 1486. Entre Neuchâtel et le

DOMBRESSON. 1000. Bâti, 1160. Son patronage, 1160, 1329. Donation faite à l'église de Dombresson, 1350. Accensement, 1568. Dombresson persécuté, 1531. Sentence rendue par la ville de Bienne, 1531. Pension du ministre, 1531. Le pasteur dépouillé de sa pension, 1546. Traité pour l'église de Dombresson, 1546. René de Challant achète son patronage, 1552.

DOMESTIQUES. Doivent recevoir de l'instruction, 1594, 1630. Domestiques scandaleuses, 1536. Domestiques du prince exempts de l'élection pour la guerre, 1585. Les domestiques ne peuvent témoigner, 1643, 1673.

DOMICILE. Les héritiers doivent vider leurs différends rière le domicile du défunt, 1693.

DOMINATION. De la cure de St-Nicolas des Verrières, 1373.

DOMINICAINS Exécutés à Berne, 1509.

DOMITIEN. Empereur romain, cruel persécuteur, 82. Sa mort, 96. Domitien, évêque de Genève, 415.

DOMMAGE. Causé par une rivière non guéable, 1559. Causé à Neuchâtel par le Seyon, 1579.

DONATEUR. 1503.

DONATIONS. Faites à l'église, 1000, 1226, 1260, 1275. Par l'empereur, 1285, 1372, 1373. Au chapitre de Valangin, 1513. Donation de Girard du Terraux, 1481. Donation révoquée, 1366. Donation faite par Jeanne d'Hochberg à Pierre Pétremand, 1541. Par le même à ses enfants, 1519, 1543. Donations révoquées, 1543. Faites à l'hôpital, 1585. Du duc de Longueville à son frère le comté de Saint-Pol, 1668, 1671. Faite aux capucins du Landeron, 1699. Donation entre vivants, 1664, 1696. Quand elle se doit payer, 1696. Donation de Mad. de Nemours au chevalier de Soissons, 1699. Donations faites par M. de Metternich au nom du roi de Prusse, 1708.

DONJON. La tour tombe, 1680, 1692.

DONNA. Du Prieuré de Môtiers, 1538, 1569.

DONS. Faits aux bourgeois amodérés, 1699. Aux bourgeois externes, 1699. Aux sujets de Valangin, 1707. Dons du prince, 1657. Don fait aux bourgeois de Valangin, 1698. Dons gratuits faits au prince, 1642, 1651. Dons faits à la ville de Berne au sujet d'une grêle, 1520. Dons faits à Neuchâtel au sujet d'un incendie, 1714.

DONZEL. 1164.

DOT. 1536, 1582, 1662. Dot des filles des comtes de Neuchâtel, 1286, 1342. Dot considérable, 1319. Dot assignée et confirmée, 1414. Dot de Marie de Savoie, cause de troubles, 1501. Dot non due, 1536.

DOUBLE. De la procédure doit être retenu par le greffier, 1553.

DOUBS. Droit du seigneur de Valangin sur le Doubs, 1408.

DOULX. Village de Bourgogne, 1452.

DOUZAINS. Etablis à Valangin, 1613,

DOYEN. Origine de ce nom, 858, 871.

DRACHME. Espèce de monnaie qui valait 7 creutzer.

DRAGON. Vu en l'air, 1500.

DRAPS. Se doivent vendre aux Hâles, 1454 art. 43.

DROITS. Des évêques, 510. Droit d'élire les papes et de confirmer les prélats, 809. Droit de chasse donné à l'évêque de Bâle, 1004. Droit de l'église, 1301. Droit des mineurs, 1301. Droit de régale, 1306, 1354. Droits des rois de Bourgogne sur leurs vassaux, 1034. Droit des cernées, des tavernages, des reclaiges, des chausses, de la pêche, 1481. Droit de rachat sur la seigneurie de Travers remis, 1586; sur celle de Valangin vendu, 1586. Renonciation au droit de retrait sur Travers, 1587. Droit de proximité ne doit être vendu, 1560, 1580. Ce droit appartient à l'aîné, 1634. Droit de retrait d'une terre taxée peut être vendu, 1679. Le créancier est obligé de recevoir la somme de l'acquisiteur, 1679. Droits de justice se payent comptant, 1565. Droits ordinaires de la justice ne peuvent pas s'augmenter, 1678. Chaque partie doit payer les siens, 1678. Droit accordé aux Trois Etats, 1559. Confirmé, 1560, 1565, 1618. Droits d'autrui on ne peut pas s'en exempter par testament, 1629. Droit de porterie, 1218, 1340. Droit romain n'est pas en usage à Neuchâtel, 1705, 1706. Droits souverains qu'avaient les comtes de Neuchâtel, 1354. Droits de souverain vendus par l'empereur au comte Louis, 1347. Confirmés, 1354. Droit de souveraineté donné aux Suisses, 1365. Droit d'inféoder accordé à Berne, 1439. Droits accordés par l'empereur à Conrad de Fribourg, 1415. Droits de l'empereur vendus aux Suisses, 888. Droits des empereurs sur la Suisse, 1034, 1214, 1291. Droit de chasse, 1453 art. 18, 1454 art. 52. Droit d'établir des forestiers, 1454 art. 51. Droits de justice vendus, 1526 Droits des majeurs, 1703. Droit du comte de retenir les denrées qu'un bourgeois achète, 1453 art. 8. Droits auxquels on renonce dans des actes publics, 1428, 1432, 1433. Plusieurs droits exprimés, 1450. Droit du prince sur les bêtes de la boucherie, 1214 art. 6; sur les cordonniers, art. 7.

DRUIDES. Tome I, pages 8 et 9.

DUBOIS. Famille, 1383, 1396.

DUCHÉ De Bourgogne remis à la France, 499. De Souabe, 500, 563, 935, 1034. Duchés rendus héréditaires, 912.

DUEL. Entre Girard d'Estavayer et Othon de Grandson, 1400. Duel considérable à Bâle, 1428.

DUNILLAQ. Pierre Dunillaq, 1383, 1396.

DUPUY. Sa lettre, 1704.

DURVAL. 308, 1386. (V. Tavannes.)

DUUMVIRS. 304.

DYSSANTERIE. 1676, 1718.

E

EAUX. Le cours des eaux accensé à la communauté du Locle, 1567. Eaux basses, 1585. Eaux abondantes, 1652.

EAUX. Minérales de la Brévine, 1654, 1672, De Villiers, 1693.

EBERHARD. Seigneur de Valangin, 1160, 1181. Eberhard, comte de Kibourg, 1322.

ECCLÉSIASTIQUES. Ne peuvent pas régner, 715. Ne peuvent pas acquérir des fonds, 1522. Adultères comment punis, 1536. Ordre ecclésiastique pratique, 1543, 1552. Juge du temporel des ecclésiastiques, 1582, 1594. (V. *Ordonnances. Constitutions.*)

ECHALLENS. Pris, 1475. Remis à Berne et Fribourg, 1484. La maison de Châlons qui le possédait y renonce, 1513.

ECHANGE. De Bienne, 1598. De Lignières, 1624. Confirmé, 1625. Surprenant, 1534. Echange d'une maison contre un jardin, 1453. Frauduleux défendu, 1522, 1580. Echange de censes directes, 1544. Echange frauduleux. 1560, 1588. Echange hipothéquée, comment on peut se dédommager, 1674. Echange d'un bien qui est à la femme, 1703.

ECLAIRS. 1522.

ECLIPSES. Totales, 238, 797, 848, 878, 895, 968, 1134, 1238, 1356, 1415, 1448, 1465, 1485, 1544, 1605, 1652, 1654, 1706.

ÉCOLE. Maîtres d'école, 1532, 1564, 1594.

ÉCONOMIQUE. (V. *Chambre.*) Biens d'église.

ECOSSE. Reine. (V. *Marie de Lorraine.*)

ECOT. (V. *Hôte.*)

ECRIT. LE. Par Ecrit accordé aux parents, 1552.

ECRITEAU. (V. *Inscription.*)

ECUS. Nouveaux d'or, 1455.

EDUCATION. Des enfants, 1672.

EGALEURS. Nommés pour le décret de Gorgier, 1573.

EGILOLPHE. Evêque de Lausanne, 620.

EGLISE. Collégiale de Neuchâtel, 1206. De Valangin, 1500. Legs fait à l'église repris, 1544, 1559. Eglise de main morte, 1180.

EGLISES. Dont l'abbé de Fontaine-André était collateur, 1539. Visite des églises, 1537, 1564. Traité pour les églises de Valangin et d'Engollon, 1558. Eglise de Valangin confirmée, 1570.

EGON. De Fribourg, sa mort, 1236. Egon IV, son mariage avec Varenne, 1372, 1376. Sa mort, 1385.

EGYNOLPHE. Evêque de Lausanne, 968, 985.

EGYPTIENS, 1553.

ELECTIONS. Des évêques, comment elles doivent se faire, 538. Difficulté à ce sujet, 1313. Elections des pasteurs par qui et comment elles doivent se faire, 1532, 1546, 1564. D'un pasteur faite par la classe de Valangin, 1569. (V. *Provision. Nomination.*) Des régents d'école, 1532. Des Quarante hommes du conseil de ville, 1522, 1529. Pour la guerre, 1522. Des troupes de Valangin faite par la seigneurie, 1589. Par les maîtres-bourgeois, 1628.

ELÉONORE. De Savoie comtesse de Neuchâtel, sa généalogie, 1285. Sa mort, 1331. Eléonore d'Orléans, son mariage, 1596.

ELEPHANT. A Neuchâtel, 1651.

ELISABETH. d'Affry, gouvernante de Neuchâtel, sa mort, 1604.

ELOIGNEMENT. Du seigneur fatal aux sujets, 922.

EMANCIPÉ. (V. *Détronqués. Majeur.*)

EMER. Jacquet de Vaumarcus obtient la permission de bâtir un four, 1456.

EMER. De Ramstein, évêque de Bâle, déposé, 1382, 1389, 1391.

EMILIE. De Nassau, fille de Guillaume, 1626.

EMILIEN. Empereur, sa mort, 255.

EMINAGE. 1214 art. 9, 1278, 1454, 1537, 1562, 1669. Eminage aux Hâles de l'orge, avoine, pois et autres légumes, 1617, art. 10.

EMINAGEURS et RECEVEURS. Leurs droits sur les censes des fours et moulins, 1547.

EMINARDE. 1496.

EMINE. A combles, 1595. De moisson, 1560, 1685, 1691. Emine de la porte, 1218, 1373. Dîme à l'émine, 1702.

EMOLUMENTS. Des nobles, réglés, 1522. D'un acte, 1671. Des justiciers, des sautiers, 1683. Des greffiers, 1537. Des juges envoyés aux justices, 1547. Des juges de matrimoniale, 1550. Des justiciers, 1622. (V. *Salaire.*)

EMPEREUR. Ce titre donné à César, Tom. I, page 16. Empereurs d'occident, 800. Droits des empereurs en Suisse, 1214. Ils pouvaient ériger des fiefs, 1214. L'empereur donne des ordres pour Neuchâtel, 1284. Il incite contre Berne, 1336. Empereur fainéant, 1250. L'empereur Sigismond va en France; il crée le comte de Savoie duc, 1416. L'empereur Maximilien battu par les Grisons, 1499. Il attaque les Suisses. Neuchâtel et Valangin appréhendent une invasion, 1499. L'empereur Joseph s'intéresse dans les affaires de Neuchâtel, 1707.

EMPIRE. Les Romains veulent l'abolir, 41. L'empire attaqué, 262. Partagé, 313. Transféré aux Allemands, 912. Neuchâtel est alibéré de l'empire, 1357, 1547, 1566.

EMPRISONNEMENT. D'un bourgeois de Neuchâtel à Valangin, 1653. De trois princes, 1650. Des divorciers qui se remarient sans congé, 1550. Des ivrognes, 1580. Des insolvables, 1565.

EMPRISONNER. (V. *Prisons.* 1707 art. 5.)

EMPRUNTS. 1566.

ENFANTS. Détronqués, 1712, 1630. (V. *Détronqués.*) Les enfants doivent être instruits, 1594. Obéissants, 1594, 1630. Examinés pour communier, 1553. Ceux qui maltraitent père ou mère doivent être punis, 1553. Doivent aller aux catéchismes, 1553, 1616. Enfants et larrons qui dérobent les raisins et les fruits, 1547. Les enfants doivent fréquenter les écoles,

F

Il est fait bourgeois de Neuchâtel, 1531. Il prêche à Boudevilliers et à Valangin, 1531. Il est emprisonné à Valangin et délivré, 1531. Il vient à Berne, 1532. Il est relevé de paroles proférées, 1532. Il se rend en Piémont, 1532. Il revient à Genève, 1532 Mandement de Berne à Farel, 1532. Il va au Locle, 1532. Il établit des pasteurs, 1532. Il revient à Genève, 1533, 1534. Une femme veut l'empoisonner, 1534. Il va à Thonon, 1536. Il va à Berne, 1536. Il est établi professeur à Lausanne, 1537. Congédié de Genève, 1538. Il va à Bâle, 1538 La Classe de Neuchâtel le rappelle, 1538. Il va à Thonon, 1538. Il inste pour les biens d'église, 1539. Ses lettres à Calvin, 1539. Genève lui écrit, 1540. Il écrit à Calvin, 1541. Il est attaqué par des impies, 1541. Il est soutenu, 1541. Son apologie, ses lettres, 1541. Fabry lui écrit, 1541. Les mutins recommencent, 1542. Il est victorieux, 1542. Il a un différend avec Chaponeau, 1542, 1544. Ses lettres, 1542. Caroli le persécute, 1543. Lettres à Farel, 1543. Son retour, 1543. Il compose un traité, 1545. Il écrit à Calvin, 1547. Il va à Zurich avec Calvin, 1549. Traité de la Sainte-Cène, 1553. Il se rend à Genève, 1553. Son mariage, 1558. Ses annonces, 1558. Il va à Metz, 1558. Il est rappelé par la ville de Gap, 1562. Son retour à Neuchâtel, 1562. Il répond à Fabry, 1563. 1565. Il retourne à Metz. 1565. Jonas Favargier l'accompagne, 1565. Il devient malade à son retour, 1565. Sa mort, 1565. Ses parents, sa patrie, ses successeurs, 1565.

FARINE. On n'en peut pas mener dans Neuchâtel, 1454 art. 45.

FAVARGE (La). 1340.

FAULX. Est de seize perches, 1480.

FAUTES. Criminelles, 1564.

FAUX ACTE. 1406. Découvert, 1412.

FAUX BRUITS. 1673.

FAUX MONNAYEURS. Mandement contre, 1718.

FAVRES. Vassaux, leurs terres sont franches de fief, 1214 art. 23. Ce qu'ils doivent, 1214 art. 23, 1454 art. 23, 1536.

FÉLIX V. Pape, vient à Bâle, 1440. Il est couronné; dons qui lui sont faits, 1441. Il résigne la papauté, 1448.

FÉLONIE. 1378, 1592.

FEMME. Doit être autorisée par son mari, 1559. Femme qui porte son bien dans la maison de son beau-père, 1595. Femme qui se méfait d'honneur est privée de son usufruit, 1593, 1658, 1671. Femme qui a eu deux maris, et le mari deux femmes, comment on doit démêler les biens, 1604. Ce que la femme doit retirer, 1604. Les femmes ont part aux accroissances, 1636. Lit de la femme qui meurt est au mari, 1660. Les dettes de la femme se payent sur son bien, 1673. Son bien ne peut être aliéné, 1684. Femme sans tuteur peut s'obliger, 1685. Biens de la femme saisis,

1696. Elle ne peut s'obliger sans son mari, 1700. (V. *Veuve.*)

FENÊTRES. Marchandes, 1454 art. 44. Fenêtre ronde du temple de Neuchâtel construite, 1520.

FENIN. 1132, 1206, 1610.

FENIS. Erigé en comté et donné à Ulrich de Neuchâtel, 1034. Son château renversé, 1117, 1248.

FÉODALE Chambre féodale établie, 1532.

FERRETTE. L'évêque de Bâle prétend d'avoir ce comté, 1325.

FÉRIES. Rompues, 1500.

FÊTES. 1539, 1542. De Noël, 1568, 1583. Fête de St-Henri, 1657.

FESTINS. Défendus, 1616.

FEU DU CIEL. 1571.

FEU TENANT. Chaque feu des bourgeois de Valangin devait 4 deniers bons Lausannois, 1502.

FEUILLES D'un arbre. (V. *Arbre.*)

FEUX. Feux de joie, 1626, 1646, 1651, 1707, 1708, 1712.

FIANCE. Doit être remboursée, 1570.

FIANCÉS. Ne doivent habiter ensemble, 1546.

FIDÉJUSSION. 1344.

FIEFS. 504. (V. *Accensements.*) Lois qui les concernent, 1261, 1325. Fiefs donnés sous le nom d'engagères, 1354. Capable de tenir fief, 1537. Fiefs possédés par des roturiers et non nobles, 1356. Terres de fiefs accensées, 1540. Doivent être réunies, 1541, Liberté des fiefs accordée à la ville de Neuchâtel, 1554. Les Quatre Ministraux prétendent d'en pouvoir posséder, 1585. Fief des gens d'armes, des portiers et des favres sont francs, 1214 art. 23. Fiefs peuvent être donnés pour diverses denrées, 1214 art. 19. Règlement des fiefs, 1663. Fiefs de Bourgogne quels ils sont, 504. Différents de ceux d'Allemagne, 913. Neuchâtel est fief de Bourgogne, 1035. Quand il est devenu arrière-fief, 1035, 1288. Fiefs de Bourgogne, 1325. Fiefs de Savoie, 1425. Le seigneur féodal est juge des différends qui procèdent de ses fiefs, 1344, 1366, 1424. Difficulté à ce sujet, 1532. Les fiefs sont sujets à une coutume particulière, 1673. Fief de Châlons, son origine, 1288. En quoi il consistait, 1311. Ses limites, 1311. Terres acceptées, 1357—1397. Fiefs acquis par les comtes de Neuchâtel, 1311, 1329. Fiefs que le comte de Neuchâtel tenait de l'évêque de Lausanne, 1371. Fiefs de la Suisse eximés de l'empire, 1439, 1559. Fief mixte, fief mâle, 1718. Neuchâtel est un fief, dont Rollin rendit hommage à l'Empereur, 1288; à Jean de Châlons, 1288, 1311, 1397.

FIEFS DÉPENDANTS DU COMTÉ DE NEUCHATEL. Fief de Claude Baillods, 1531; augmenté, 1538, 1545, 1618. De Bariscourt, 1478. En quoi il consistait, 1505; partagé, 1505, vendu, 1533, 1546, 1547, 1548, 1552, 1618. De Barillier, 1550. De Bellevaux, 1478. En quoi il consiste, 1480, 1495;

augmenté, 1480; acheté, 1594. Acte passé à la princesse, 1595. Plusieurs articles y sont incorporés, 1595, 1618, 1638. De Blayer, 1411, 1427, 1434, 1438; augmenté, 1434, 1443, 1543, 1546, 1553. De Bretiège, 1420, 1423, 1451, 1480. De Balaigue, 1378. De Bornevesin, 1615. De Chevroux, 1310. De St-Claude érigé en fief, 1663. Défieffé, 1664. De Cleron, 1478, 1563; redîmé, 1617—1628 à la réserve de trente émines que Pierre Vallier avait acquis, 1628, 1662. Fief de Colombier. (V. *Colombier*.) Le pressoir de Colombier, 1353, 1359, 1430, 1618, 1632. De Coffrane. La dîme, 1529; le Breuil, 1530, 1618. De Colonge, 539, 1624. De Cottens, 1478, 1536. De Courtelary, 1390, 1400, 1559, 1618. De Cressier, 1465, 1486, 1524. (V. *Vallier*.) De Diesse, 1568, 1577. Mis en décret, 1580. Rachat de cinq muids de vin, 1581, 1618, 1654. D'Erlach en quoi il consiste, 1635, réuni à la directe, 1421, 1453, 1621, 1635. D'Echanvenz, 1344. De Favargier, 1648, 1649, 1699. De Gorgier, 1225. Il devient fief de Savoie, 1257, 1260, 1285, 1299, 1340, 1344, 1618. Du Grand-Jacques, 1370, 1446, 1485; vendu, 1488, 1490, 1517, 1524, 1530, 1531, 1533, 1537. De Giez, donné à Jean de Giez, 1350; provenant de Richard de Vautravers, 1350. De Gruyères, 1349, reprise de ce fief, 1360. 1411, 1440, 1473, 1508, 1515, 1524, 1527, 1537, 1618, 1625. De Hermeringen, 1457, 1581, 1599, 1663. Du seigneur de Joux, en quoi il consistait, 1396. De l'île de St-Jean qui est au lieu dit au Fornet, 1495. De Kriegstetten, 1310, 1337, 1347, 1349, 1421, 1429, 1437, 1440, 1459, 1488, 1493, 1523, 1539, 1540, 1618, 1649, 1664, 1665, 1668. Lambert obtient un fief, 1218. Landeron érigé en fief ou baronnie, 1373. Remis à l'archiduc d'Autriche et repris de lui en fief, 1358. Défieffé et purifié de fief, 1369, 1415. De Lignières, 1624, 1625. De Lugnores. (V. *Lugnores*.) De Marens ou Marin, 1225, 1263, 1275, 1280, 1281. De Merveilleux, 1529, 1532, partagé, 1625. De la Messderie tenu par B. de Watteville, 1618. De Merzlingen, remis, 1344, 1357, 1358, 1372, 1429, 1599. De Miécourt, 1615, 1624, 1625. De Noiraigue, 1681. De Péruse, 1615. De Pierrabot, 1422. De Pierre érigé, 1350, 1354, 1450, 1473, 1572, 1609, 1618, 1628. Engagé, 1569. Vendu, 1571. Confirmation, 1575, 1625. De Romont, gerberie, 1452. De Rosières, 1663, 1681. Des Roches, 1260, donné en échange contre le château de Valangin, 1338, 1518. Du Roset, 1355, 1618, 1680. De Savagnier 1313, 1349. De Sauges, 1606. De la Sauge, 1356, 1511, Du Sargereux, 1598; une partie du fief retourne à roture, 1628. De Stein, 1438. De Stölli, 1525, 1548. Du Terraux, 1396. (V. *Terraux*), 1559, 1576. Portion de ce fief vendue, 1580, 1583. Rétraction faite, 1586, 1607, 1608, 1609. Le fief du Terraux passe à une autre famille, 1609. Par-

celle de ce fief redîmée, 1618, 1619, 1648 1650, 1664. Thielle érigé en baronnie, 1242, 1286. De Travers, 1413. (V. *Travers*.) De Treytorrens, 1541. De Valangin érigé en seigneurie, 1132; en comité, 1571, 1618, 1707. De Vaumarcus, 1225; vendu, 1308, 1634; remis, 1452, 1532; hommage, 1581. De Vaumarcus consistant en des terres et autres rentes, 1308; transporté, 1485. De Vaumarcus ou d'Espagny en quoi il consistait, 1364; remis, 1364; il était rière le Landeron, 1618. De Vautravers, 1218, 1237, 1250, 1267. Vignes données en fief, 1343, 1421. Deux muids de vin au Landeron donnés en fief, 1354. De Vorburger, 1618. De Vuillauffans, 1531; vendu, 1576, 1618. De Vuillesin, 1452. De Vallier, 1524; augmenté, 1532, 1616, 1618. De Westerholz, 1452. De Selzach, 1181.

FILLE. Enceinte doit prêter serment, 1691. Fille enlevée, 504 art. 17. Fille déflorée, comment on en doit user, 1536, 1539. Diffamée, 1536. Engrossée, 1539. Fille qui se dit vierge, qui actionne des jeunes hommes, 1550. Filles communes, 1553.

FILS. Qui doit; le père ne peut pas être recherché, 1659, 1689, 1702.

FLAMBEAUX. Ardents vus au ciel, 1001.

FLANGEBOUCHE. 1378, 1395, 1516.

FLAVE-CLAUDE. Empereur, 269. Sa mort, 271.

FLEURIER. Obtient des pâturages, 1522.

FLEURS. En octobre, 1473.

FLORENTIN. Et Hylaire, martyrs, 415.

FLORIEN. Empereur, 276.

FLORIN. D'or, sa valeur, 1378, 1421, 1469, 1480. Petits florins, 1373. Florins de Florence, 1363, 1378. D'or d'Allemagne, 1464. Petits florins, 1373.

FOINS. Brûlés, 1362. Cherté de foin, 1442. Peu de foin, 1595, 1715, 1719.

FOIRES. Doivent être gardées, 1214 art. 19. Foires de Neuchâtel, leur durée, 1623, 1671. Foire accordée au Locle, 1567. A Môtiers, 1585. A la Sagne, 1592. Aux Verrières, 1610.

FONDS. Vendu ne peut être retiré, 1214. Les fonds des taillables ne peuvent être vendus, 1522, 1531. Liberté accordée aux sujets de Valangin d'hériter les fonds, 1427. Fonds donnés en propre, 1214 art. 25. Fonds ne peuvent être possédés par ceux qui n'habitent pas dans l'Etat, 1531. Permission d'en acheter, 1537. De les vendre, 1454 art. 24. Défense aux communautés d'en acheter, 1580. Permis à l'hôpital, 1585. Accessoires des fonds, 1559. Revenus des fonds, comment on en use en fait de partage, 1612. Actes de fonds requièrent le sceau à Valangin, 1642. Fonds qu'on tient par usufruit peuvent être amodiés, 1593. Bienfonds vendu est confié, 1671. Fonds de la bourgeoisie de Valangin, 1693.

FONDATEUR. Du Prieuré de Corcelles, 1536.

FONDATIONS. Pieuses, 809.

FONTAINE-ANDRÉ. Fondation de l'abbaye, 1139. Donations qui lui sont faites, 1140, 1143, 1179, 1187, 1193. Son abbé, premier chanoine de Neuchâtel, 1206. Origine de ce nom, 1139, 1149, 1225, 1233, 1234. Confirmation, 1359, 1374, 1428. Nouvelle abbaye bâtie, 1444. Sa dédicace, 1450. Les moines demeurent à Fontaines jusqu'en 1450. Agrandissement et nouvelle dédicace, 1470. L'abbé patron de l'Eglise de Fontaine, 1470, 1480, 1531. La fontaine de Fontaine-André est reconstruite, ses prétendus miracles, 1139, 1487. Fontaine-André, vendu, 1538. Rendu, 1539. Vendu aux Quatre-Ministraux, 1558. Réserve de rachat perpétuel, 1558. Retraction de Fontaine-André par la princesse, 1582, 1585.

FONTAINE. (V. *Source.*) Près de la ronde fontaine, 1382.

FONTAINE. Les fontaines empoisonnées, 1348, 1382. Taries, 1514. Fontaine convertie en sang, 1313.

FONTAINES. Village, 1140, 1386, 1536. Don fait à la communauté de Fontaines, 1583. Maison de cure de Fontaines, 1603. Tour du temple bâtie, 1686.

FONTAINE-MELON. Accensé, 1358. Libéré de taille, exaction, usages et services, 1358.

FONTS. Baptismaux, 1524.

FORAINE. Les cantons réunis à Baden reconnaissant Neuchâtel comme compris dans le Cors Helvétique, l'exemptent du péage appelé la *Foraine*, 1549.

FORAINS. (V. *Bourgeois forains.*)

FORCER. A boire défendu, 1580, 1588, 1616, 1630.

FORESTIERS. Droit d'en établir, 1454 art. 51, 1537.

FORÊTS. S'allument, 1473, 1474, 1483, 1504. De Boudry s'allument, 1378.

FORFAIT. 1214 art. 2. Forfaire, 1340.

FORGE. De St-Sulpice, 1547.

FORMALITÉS. A observer aux taxes, 1682.

FORNICATION. 1553.

FORT. (V. *Clusette.*)

FORTE-CLAME. (V. *Corde.*)

FORTERESSE. De Boudry et du Val-Travers, 1395.

FORTS. Sur le Rhin bâtis, 37, 290, 367.

FOUAGE. 1454 art. 50, 1546. Du ministre de St-Aubin, 1565.

FOUDRE. 1546. Foudre tombe sur la maison de cure de Serrières, 1677. Sur le temple de Neuchâtel, 1677.

FOUETS. Trois cents coups de fouet, 504 art. 9.

FOURGS. Les habitants des Fourgs et des Verrières se font bourgeois de Neuchâtel, 1510.

FOURS. Combien on doit pour les fours, 1453 art. 19, 1454 art. 45. La pâte qu'on y donnait quittée aux bourgeois de Neuchâtel, 1531, 1562. Fours et moulins réservés, 1406. La permission d'en bâtir un, 1457. Fours de Neuchâtel, 1278. Les censes des fours, 1547. Four de Neuchâtel, 1617. Accord fait avec le prince, 1617. Four d'Areuse, 1595. D'Auvernier, 1513, 1539. De Bôle, 1595. De Boudry, 1525, 1595. De Corcelles accensé, 1513, 1550. De Cormondrèche, 1263, 1380. Vendu, 1473. De Cortaillod, 1595. De Cressier, 1524, 1531. De Dombresson, 1414. De Fontaines, 1597. De Fontaine-Melon, 1358. De la baronnie de Gorgier, 1340. Du Landeron, 1403. Des Montagnes, 1464. De Môtiers, 1367, 1445.

FOURBERIE. Découverte, 1409, 1518, 1566.

FOURCHES. Seigneurie et juridiction des fourches, 1303.

FOURNAGE. De Dombresson, 1551.

FOURNIERS. Ce qu'ils doivent au prince. 1453 art. 14,

FOURRAGES. 1403, 1595.

FRAIS. (V. *Dépens*) Frais des accessoires se remboursent avant la définition du procès, mais non pas ceux du principal, 1569. Frais de justice taxés, 1622.

FRAISES. En janvier, 1711. Fraises défendues, 1661.

FRAIZE ou FRESSE. Communauté rière la paroisse des Verrières, 1342, 1383, 1424.

FRANC-ALEU. Petits fiefs de franc aleu composant la baronnie du Landeron, 1329.

FRANCE. Allibérée des Romains, 490. Ses engagements à l'égard des Suisses, 1499. Neuchâtel et Valangin en sont participants, 1499. (V. *Alliance.*) Les Suisses défendent d'aller servir en France, 1499. Priviléges des Suisses en France, 1470, 1511, 1516, 1549, 1565, 1582, 1635 (V. *Suisses.*) La France fait des promesses aux Suisses, 1521. Alliance perpétuelle contractée, 1516, Renouvelée, 1521, 1602, 1663. Plaintes de l'ambassadeur de France, 1575. Punition de ceux qui étaient allés en France, 1578. Troupes accordées à la France, 1635. La France envoie des troupes en Bourgogne, 1636, 1637. Réfugiés de France pour cause de religion, 1685.

FRANÇOIS. Marquis de Rothelin envoyé en Italie, 1524. François, évêque de Lausanne, 1354. François, comte de Gruyères, 1366. François, seigneur de Colombier, 1382. François de Choley, 1488. Sa mort, 1517. François de Lettes, baron d'Aubonne, 1575. François d'Orléans, marquis de Rothelin, vient à Neuchâtel, 1531. Sa mort, 1548. François d'Orléans, fils de Louis, duc de Longueville, sa naissance, 1535. Il succède à Jeanne de Hochberg son ayeule, 1543. Ses tuteurs, 1543. Sa mort, 1551. Il meurt ab-intestat, 1552. François d'Orléans, comte de St-Pol, fils de Léonor d'Orléans, son mariage, 1595. Sa mort, 1631. François de Martines, procuration à lui donnée par René de Challans, 1542. François Mayor épouse Isabelle Du Terreaux, 1600. François Antoine de Neuchâtel, son rang en Conseil d'Etat, 1626. Sa mort, 1642. François d'Affry installé gouverneur, 1628. François I, comte de Longueville, père de

1698, 1709, 1713, 1717. Froides vendanges, 1609, 1615, 1675.

FROMAGES. 1358, 1654 art. 9.

FROMENT. Amené depuis la Souabe en Suisse, 1314. Depuis l'Alsace, 1477. Depuis Strasbourg, 1501. Mené depuis la Suisse en Italie, 1505. Cinq émines de froment, quittés au fief de Sorgereux, 1610.

FROMENT. Paul, établi gouverneur de Neuchâtel, 1720.

FRONTIÈRES. Gardées par les Suisses, 1630. Gardes sur les frontières, 1635, 1638, 1708.

FRUIT. D'un arbre. (V. *Arbre*.) Fruits, ceux qui les dérobent doivent être punis, 1547, 1565. Fruits pendants, 1557. Garant des fruits et rosées, 1559. Fruits en novembre, 1473.

FUNÉRAILLES. Les repas défendus, 1616.

FURSTEMBERG. Le comte prétend à la souveraineté de Neuchâtel, 1707. Son origine, 1218, 1396.

G

GAGE. Établi à Fenin pour un chapelain, 1206. Gages du gouverneur, 1558. Du châtelain de Boudry, 1531. Du pasteur de Valangin, augmenté, 1563. De Môtiers et de Travers, établi, 1569. Des ministres de Travers et de Lignières, augmenté, 1594. De Lignières, réglé, 1599. Gages et pensions comment doivent être payés, 1594. Gages retenus par l'officier doivent être rendus, 1406. Reddition de gage, comment elle se doit faire, 1821, 1636, 1689. Pleins gages, 1454 art. 4.

GAGEMENT. Du débiteur, quand et où il doit le faire, 1214 art. 18, 1454 art. 19. Vendition de gage, 1214 art. 19.

GAGER. Barrer, permis aux bourgeois de Neuchâtel, 1623. Gager et barrer, 1671.

GAGIÈRES. 1278.

GALBA. Empereur, 60, 68. Sa mort, 69.

GALÈRE. Empereur, 304.

GALERIE. Bâtie au château de Neuchâtel, 1520. Au temple de Neuchâtel, 1656.

GALL (Saint). Son premier abbé, 760.

GALLIEU. Empereur, 262. Sa mort, 269.

GALLUS. Empereur, 252, 255. Gallus créé César, 35. Gallus, gentilhomme écossais, disciple de Colomban, 616. Il prêche l'évangile, 630. Son origine et sa mort, 634, 640.

GARDES. Garde noble, 1573. Garde du château de Thielle, 1286. Du château de Valangin, 1558. De Môtiers, 1218, 1373. Maison de bourgeois devant laquelle la seigneurie ne pouvait faire la garde. Conflit à ce sujet, 1486. Garde. (V. *Protection*, 1342.) Garde du Prieuré de Bevaix, 1378. Garde du Val-de-Morteaux, 1395. Gardes des vignes, 1214 art. 12, 1453, 1454. Gardes des portes de la ville, 1406, 1454 art. 46. Gardes sur les frontières, 1635, 1639, 1668, 1720. Établies dans Neuchâtel, 1707. Le Survivant a la garde des enfants, 1683.

GARANT. Des fruits et rosées, 1559. Garant en justice, 1570.

GARDIEN. 1278, 1329, 1342, 1536.

GARNISONS. A Neuchâtel, à Boudry, aux Bayards, 1457, 1476. A Morat, 1476. A Neuchâtel, 1477. De Berne à Neuchâtel, 1498. A Grandson, 1511. A Neuchâtel, à

Grandson et Yverdon, 1555. De Neuchâtel et de Bienne à Genève, 1582. De Neuchâtel à Valangin, 1584.

GASCONS. Deux cadets gascons, 1383.

GASPARD DE RHEIN. Evêque de Bâle, 1479. Déposé, 1500.

GAUDISÈLE. Premier roi de Bourgogne, 413. Il est couronné, 418. Ses armes et sa mort, 420. Il s'allie avec Constance, 414.

GAUDOT. Origine de cette famille, 1575.

GAULES. Division et noms, Tome I, page 4, an 13.

GAULOIS. Leur antiquité et religion, Tome I, page 7. Ils pouvaient devenir sénateurs romains, an 41.

GEBHARDT. Evêque de Bâle, 970.

GELÉE. 1043, 1062, 1076, 1147, 1283, 1372, 1373, 1420, 1430, 1487, 1488, 1513, 1517, 1522, 1549, 1555, 1568, 1577, 1588, 1593, 1594, 1602, 1606, 1609. En mai, 1615, 1626, 1628, 1633, 1641, 1643, 1644, 1651, 1665, 1709, 1712, 1713, 1716.

GENS D'ARMES. Leurs terres de fiefs sont franches, 1214 art. 23.

GENDRE. Aller à gendre, 1362. Gendre ne peut rien prétendre, 1674. Gendres de René de Challant, se ruinent en plaidant, 1566.

GÉNÉALOGIES. 1266, 1342, 1412, 1457, 1707, 1712.

GÉNÉRALE. (V. *Classe*.) Assemblée, sermons des générales institués, 1564.

GÉNÉRAUX. Articles généraux, 1707.

GENÈVE. Agrandie, 165. Rebâtie, 275. Theudelinde, femme de Gaudisèle, y bâtit un temple, 415. Et Thierri des monastères, 614. Ses libertés confirmées, 809. L'empereur s'y fait couronner roi de Bourgogne, 1035. Genève incendiée, 1291. Son collége bâti, 1365, 1475, 1476, 1477. Genève attaquée, 1530. Des troupes de Neuchâtel y vont, 1530. Le duc de Savoie créé vidame de Genève, 1531. L'évêque quitte Genève, 1533. Genève molestée, 1534. Se réforme, 1535. Demande des pasteurs à Neuchâtel, 1535. Difficultés avec le duc de Savoie, 1535. Berne va à son secours ainsi que Neuchâtel, 1536. Proposition faite à cette ville par Jacques de Nemours, 1567. Troupes de Neuchâtel à Genève, 1581, 1582, 1589. Desseins du duc contre Genève, 1610.

GENEVEYS. Geneveys sur Fontaines, Geneveys sur Coffrane, Geneveys sur St-Martin, 1291. Geneveysans, 1476.

GENEVOIS. Des Genevois viennent habiter au Val-de-Ruz et obtiennent l'habergement, 1291. Comté du Genevois comment il parvint au duc de Nemours, 1401.

GEORGE. De Saluces, évêque de Lausanne, 1440, 1461. George de Rive, Bernois, seigneur de Prangins, mis aux arrêts pour avoir pris du service en France, 1499. Gouverneur de Neuchâtel, 1529. Il écrit à la princesse, 1530. Il donne avis à Berne, 1530. Il se plaint des bourgeois qui répondent, 1530. Sa mort, 1552.

GEORGE. De Flu, dit *Superfax*, bourgeois de Berne, maltraité, 1511. Il est conduit à Neuchâtel, 1511. Il est redémandé par le canton de Fribourg et refusé, 1511. Allibéré, 1511.

GEORGE. De Diessbach, installé gouverneur de Neuchâtel, 1577. Sa mort, 1584.

GERBERIE. 1326, 1406. Gerberie de Romont et de Westerholz, 1452.

GERBIERS. Des vignes, 1453 art. 7.

GEROLD. Ou Gérard, évêque de Lausanne, 1103, 1220, 1221.

GERWARD. Evêque de Bâle, 1168.

GEVELIN. Préfet d'Avenches, 784.

GIBELINS. 1240.

GIBET. A quatre piliers refusé au seigneur de Valangin, 1424; mais accordé à trois colonnes, 1424. Gibet à trois piliers érigé à Colombier, 1531; à Gorgier, 1576; à Vaumarcus, 1595.

GIBRARD. Comte de Bourgogne, 895, 936.

GIETTES. 1175, 1406. Les nobles les doivent, 1516. Biens sujets aux giettes, 1526. Giette imposé à la dame de Valangin, 1537. (V. *Jeter.*)

GILLES. De Brion, lieutenant général de Valangin pour la comtesse d'Avy, 1576.

GIRARD. De Neuchâtel, bâtard. Le comte Louis son aïeul lui fait une donation, 1373. Sa tante Isabelle lui donne Vaumarcus, 1375; Provence, 1376. Les forteresses de Boudry et du Val-de-Travers, 1395. Conrad de Fribourg lui assigne plusieurs rentes en payement, 1396. Il demande la confirmation de ces donations à Jean de Châlons, 1397. Sa mort, 1400. Girard de Roussillon, comte de Bourgogne, 858. Sa mort, 881. Girard, évêque de Lausanne, 1302, 1309, 1313. Girard, seigneur de Valangin, tué, 1339. Girard, évêque de Bâle, fait la guerre au comte Rollin, 1315, 1324. Sa mort, 1325. Girard, prieur de Môtiers, 1301. Girard, pasteur à Neuchâtel, député à Paris, 1670. La ville de Neuchâtel lui donne un témoignage, 1670, 1695, 1696. Témoignage du conseil de ville, 1695. Certificat à lui délivré, 1699. On envoie contre lui aux communautés, 1699. Il est l'objet de nouvelles attaques et pour quelle raison,

1699. Arrêt de la Classe contre lui, 1699. On fait intervenir une impudique, 1699. Conseil qui lui est donné par la Classe, 1699. Il est rétabli, 1708.

GIRARDOZ. Bellajour, souche de la maison de Neuchâtel-Gorgier, 1359.

GIROUETTES. Ou Banderolles, 1583, 1614, 1714.

GISELLE. Impératrice, vient en Suisse, 1034.

GLACES. Extraordinaires, 1420, 1621.

GLAIVES. On n'en doit pas porter, 1553.

GLANE Comte de Glane, 1035, 1142.

GLOUTONNERIE. 1539, 1542, 1616.

GODEFROY. De Lucinge, évêque de Lausanne, 1343, 1346.

GODEMAR. Brûlé par ordre de son frère Gondebaud, 494.

GODESCALE. Ou Magnérius, évêque de Lausanne, 947, 948.

GONDEBAUD. Roi de Bourgogne, 473. Il tue son frère Gondégisil, 503. Sa mort, 508.

GONDÉGISIL. Se joint à Clovis contre son frère Gondebaud, 496.

GONDEMAR. Roi de Bourgogne, 526.

GONTRAN. Roi d'Orléans, 570. Sa mort, 595.

GORDIEN. Empereur, 238, 244.

GORGIER. Erigé en seigneurie, 1225. Transporté dans la maison d'Estavayer, 1257. La coutume d'Estavayer s'y introduit, 1257. Il devient arrière fief de Savoie, 1260, 1285, 1299. Hommage rendu pour Gorgier, 1340. Revenus de cette baronnie, 1340, 1378. Louis, baron de Vaud, en est seigneur féodal, 1344. Gorgier arrière fief, 1344, 1433. Remis au comte Louis, 1344, 1358. Remis par Isabelle et pourquoi, 1378. La moitié de cette seigneurie remise, 1380. Le tiers de Gorgier adjugé à Jean de Longueville, 1399. Remise de cette seigneurie, 1428. Donation de cette seigneurie, 1432. Vendition, 1433. En quoi ce fief consiste, 1433. Il est patrimonial, 1475. Gorgier saisi par le comte Rodolphe, 1477. Remis à Claude de Neuchâtel, 1487. Auquel les sujets prêtent serment, 1487. Prétention du canton de Fribourg sur Gorgier, 1490. Souveraineté de Gorgier acquise, 1490. 1492. Rendu à Claude de Neuchâtel, 1492. Franchises de Gorgier confirmées, 1500. Gorgier réformé, 1531. Les franchises de cette baronnie confirmées, 1540. Terres de la baronnie accensées, 1540. Gorgier remis à Catherine de la Balme, 1544. Les biens d'Eglise saisis, 1552. Gage du pasteur fixé, 1552. Les habitants de cette baronnie bourgeois de Berne, 1561. Les rentes de Gorgier, 1563. Transaction entre le baron et ses sujets, 1565. Gorgier délimité, 1568. Conclusion des partages des fils de Lancelot, 1568. Le seigneur de Gorgier vend une vigne, 1569. Confirmation d'une transaction concernant le fief de Gorgier, 1569. Une partie de cette baronnie mise en décret, 1572, 1573. Egaleurs nommés par ce décret, 1573. Les sujets doivent un bichet, 1573. Le seigneur obtient un gibet à trois piliers, 1576. Gorgier érigé en baronnie, 1576. Traité entre Claude et Simon, frères, 1583. Titres de Gorgier mis sous le sceau, 1599. Proteste du baron de Gorgier, 1627, Partage de Gorgier, 1633, 1642, 1643. Mort du baron de Gorgier, 1663. Difficulté au sujet de la succession, 1663, 1678, 1680. Gorgier hypothéqué, 1687. Procès pour Gorgier, 1721. Reflexions, 1721. Sentence, 1721. Testament de la baronne de Gorgier, 1718. Mise en possession, restriction des prétendants, 1718. Sa Majesté le roi de Prusse y prétend, 1718. Raisons des trois parties, 1718.

GOURMANDISE. (V. *Gloutonnerie*.)

GOUVERNEMENTS. Changés en duchés et comtés, 625. Celui de Zurich aboli, 1185, 1400. Gouvernement de Bourgogne donné à Philippe de Hochberg, 1481. Il lui est ôté, 1483. Le gouvernement de Provence lui est donné, 1483. Gouvernement de Neuchâtel, par les cantons réglé, et quel il était, 1513. De Neuchâtel doit être dans l'Etat, 1714.

GOUVERNEURS. De la Suisse, 858. (V. *Régents*.) Gouverneur établi à Berne, 1223, 1228. Gouverneur de Neuchâtel, son commencement, 1347, 1351. Quatre hommes choisis pour gouverner le comté de Neuchâtel, 1404. Cinq gouverneurs du Conseil de ville, 1406. (V. *Chatelain de Neuchâtel*, 1351.) De Neuchâtel, 1351. Lieutenant du comté, 1408. Cet office supprimé, 1412. Gouverneur prétendu, 1457. Rétabli, 1469, 1529. Sa pension, 1536, 1558. Pouvoir qui lui est donné, 1537, 1547. Cité à Berne par les Quatre-Ministraux, 1548. Serment des gouverneurs. (V. *Serment*) Le gouverneur George de Diessbach va à Berne, 1579, 1590. Gouverneur de la religion demandé par la ville de Neuchâtel, 1576. Un gouverneur catholique ne peut faire aucun exercice de sa religion dans le comté si ce n'est au Landeron, 1576. Gouverneurs installés, 1596, 1628, 1645. Discours faits à cette occasion, 1645. Changement de gouverneur, 1686. Gouverneurs rappelés, 1670, 1682, 1699. Gouverneur établi par Mad. de Nemours, son autorité limitée, 1694. Gouverneurs de Neuchâtel, leur mort, 1412, 1488, 1511, 1513, 1552, 1576, 1584, 1594, 1623, 1645, 1664, 1678, 1690, 1692, 1694, 1699, 1720.

GOUX (Le). Famille neuchâteloise originaire de Besançon, 1575.

GRABUGES. 1530.

GRACE. Accordée par le prince, 1531. Action de graces après le repas, 1542, 1553.

GRADS. Jacques des Grads, clerc juré de Jean de Fribourg, 1453.

GRADUEL. 1473.

GRAILLONS. De noix, dus au comte de Neuchâtel, 1453 art. 8.

GRAND-JACQUES. (V. *Fiefs*.)

GRANDS-SIRES. 1035.

GRAINS. Grain de Souabe, 1710. Grain en fait de partage, 1672, 1696. Valangin demande des grains à Berne, 1698. Demandé en Bourgogne, 1588; à Berne, 1689. Grains des montagnes, 1716. Enlevés, 1714. Germés, 1720. Recevables, 1654 art. 3.

GRAND-PÈRE. Ses biens dévolus aux petits-fils, 1636, 1662, 1681, 1683.

GRANDS BLANCS. 1383, 1516.

GRANDCOUR. Baronnie, 1577.

GRANDVAL. 1367.

GRANDPRÉ. Envoyé de Marie de Bourbon, 1582.

GRANDSON. Son château bâti, 815. Inféodé à Lambert, 1052. Remis à Guillaume, père de Renaud, comte de Bourgogne, 1153, 1180. Louis de Châlons, baron de Grandson, 1248, 1253, 1269, 1349. Il prend deux villes en Bourgogne, 1370. Mort du baron de Grandson, 1376, 1412. Neuchâtel veut prendre Grandson, 1474. Grandson pillé, 1475. Il est pris; on y met une garnison, 1475, 1511. Grandson assiégé, 1476. Le duc Charles de Bourgogne y est battu, 1476. Grandson est repris par les Suisses, 1476. Remis par les cantons à Berne et Fribourg, 1484. Renonciation de la Maison de Châlons à Grandson et à Echallens, 1513. Journée à Grandson, 1538. On y assemble un synode, 1532, 1534. Cense due au château de Grandson, 1563. Délimitation entre Grandson et le Val-de-Travers. (V. *Délimitation*.) Difficultés au sujet du bochéage rière Grandson, 1591, 1603. Limites entre Grandson et le Val-de-Travers, 1614, 1616, 1627. Bois coupé sur Grandson, 1628. Délimitation, 1632. Marche offerte, 1632. Refusée, 1632. On tient une conférence à Grandson, 1714.

GRATIEN. Empereur, 368, 375, 383.

GRATTE (La). Un pâturage lui est accensé, 1524, 1537.

GRAVIERS. Remis à Auvernier, 1510, à Neuchâtel, 1513. Greniers et pâquiers sont au prince, 1453 art. 12. Accordés à Neuchâtel, 1537.

GRENIER. Résolution de bâtir le grenier de Neuchâtel, 1718. On le bâtit, 1719. De Valangin, 1563.

GREFFIERS. De justice, leurs émoluments, 1537, 1622. (V. *Clercs*.) Ils doivent retenir un double de la procédure, 1553. Greffier ne peut être avoyer, 1565.

GRÊLE. 829, 1157, 1194, 1202, 1437, 1471, 1487, 1490, 1501, 1502, 1508, 1519. Grêle à Berne, 1520, 1544, 1560, 1561, 1571, 1576, 1595, 1623, 1626, 1627, 1628, 1642, 1660, 1661, 1679, 1687, 1688, 1689, 1718, 1719, 1722.

GRIEF. Doit être présenté aux audiences, 1553. Grief ne doit pas être amplifié, 1559. L'appelant sans grief, renvoyé condamné, 1569. Celui qui en a un et qui le nie est puni, 1569. Amplification du grief condamnée, 1569.

H

HABERGEANTS. Affranchis de main morte, 1412. Leurs franchises confirmées, 1585. Nouvelles franchises obtenues, 1464. Difficultés avec leur seigneur de Valangin, 1476. Leurs différents noms, 1476. (V. *Francs Habergeants.*) Habergeants du Locle, 1382.

HABITANTS. Les plus anciens de la Suisse réduits à la main morte, 420 Trois sortes d'habitants en Suisse, 420. Habitants des montagnes de Valangin créés bourgeois de Valangin, 1713.

HABITATION. Habitation dans le bourg de Valangin nécessaire pour jouir des franchises, 1401. Habitations scandaleuses, 1536.

HABITS. Chausses; pourpoints, 1553. Habits honnêtes, 1553, 1616, 1630; 1661, 1670. Habits du mari sont à la femme, 1670, 1672, 1674, 1676. Habits d'un mort qui doit les avoir, 1604, 1642, 1695, 1696. Habits de la femme sont au mari, 1661, 1676, 1702, 1708, 1709. (V. *Vêtements.*)

HABSBOURG. Cette maison acquiert des terres en Suisse, 1209.

HALLER. Écrit à Fabry, 1548.

HALLES. De Neuchâtel. Les draps s'y doivent vendre, 1454 art. 43. Halles remises aux Quatre Ministraux, 1542. Halles accordées aux Verrières, 1610. A Môtiers, 1623. à la Chaux-de-Fonds, 1656.

HARDY. Guillaume Hardy, procureur de S. A., son testament, 1569.

HARMONT. Mont de l'Harmont, 1383.

HARNOIS. 1564.

HARTMANN. De Nidau, 1300, 1327. Hartmann, évêque de Lausanne, 850. Hartmann, comte de Kybourg, épouse Marguerite, fille du comte Rollin, 1319. Hartmann de Munchenstein, évêque de Bâle, 1418.

HASENBOURG. Baronnie remise à l'évêque de Bâle, 1072. Le château est brûlé, 1386.

HASLI. 1210.

HAUTS BARONS. 930.

HÉLIOGABALE. Empereur. 219, 222.

HELVÉTIE. D'où la Suisse a été nommée *Helvétie*, Tome I, pages 1 et 2. Pourquoi appelée *Nuchtland*, ibid., page 2.

HELVÉTIQUE. Corps helvétique, son origine, 1305. Corps helvétique, Neuchâtel y est compris, 1548. Confession helvétique, 1566. Neuchâtel reconnu du corps helvétique, 1630.

HEMMANN. De Bechbourg, 1366.

HENRI. Ou Eric, premier évêque d'Avenches, 300. Henri, évêque de Lausanne, 985, 1011. Massacre, 1019. Henri II, empereur, sa mort, 1024. Henri III, empereur, créé roi de Bourgogne, 1029. Couronné à Soleure, 1038. Il vient en Suisse, 1040. Henri IV, empereur, vient à Besançon d'où il va en Italie, 1077. Henri V. Sa mort, 1125. Henri de Hornberg, évêque de Bâle, 1177, 1191.

Henri, comte de Thoun, évêque de Bâle, 1215, 1238. Henri VI, empereur, vient à Berne, 1310. Henri de Neuchâtel, évêque de Bâle, 1263. Ses guerres, 1264, 1267, 1268, 1271. Il achète Porrentruy, 1271. Ses discours impies, 1273. Il remet Bienne à l'évêché, 1274. Sa mort, 1274. Henri Gurtelsknopf, évêque de Bâle, ses ruses, 1274. Etabli archevêque de Mayence, 1285. Henri duc de Longueville, prince de Neuchâtel, son mariage, 1588. Il se signale en guerre, 1589. Prisonnier, 1590. Blessé à Dourlens, sa mort, 1595. Henri II, duc de Longueville, sa naissance prématurée, 1595. Il quitte la cour de France, 1616. Il vient à Neuchâtel, 1617. Il demande plusieurs choses au Conseil de ville, 1617. Son départ, 1619. Son mariage, 1619. Il épouse le parti de la reine Marie de Médicis contre son fils le roi Louis XIII, 1620. Il accompagne le roi à la guerre, 1629. Mort de la princesse Louise de Soissons, son épouse, 1637. Exploits du prince Henri en Piémont, 1639. Il passe à Colombier, 1639. Son second mariage avec Anne-Geneviève de Bourbon. Le prince va en Piémont, 1642. Il est nommé plénipotentiaire de S. M. T. C. aux conférences de Munster, 1643. Il y prend le titre de *prince souverain de Neuchâtel*, 1643. Son entrée à Munster, 1645. Il signe la paix de Munster, 1648. Il se déclare en faveur du parlement contre le roi, 1649. Il est mis en arrestation, 1650. Il est relâché, 1651. Son second voyage à Neuchâtel et l'accueil enthousiaste qui lui est fait, 1657. Il fait plusieurs dons, 1657. Son départ, 1657. Il fait en qualité de prince de Neuchâtel alliance avec le roi de France, 1657, 1658. Sa mort et son testament, 1663. Henri de Savoie duc de Nemours, 1657. Sa mort, 1659. Henri Jules de Bourbon curateur de l'abbé d'Orléans, 1682. Sa mort, 1709. Henri seigneur de Colombier, 1263. Henri de Cormondrèche, son testament, 1281.

HENRIPOLIS. 1625. Opposition à la fondation de cette ville, 1628.

HÉRITAGES. Vont au prince, 1214 art. 11. Héritage se fait sous contribution, 1214 art. 27. On est privé de l'héritage si on néglige le jour des six semaines, 1671, 1683, 1689. Héritage n'est pas un acquêt, 1673. L'héritage va aux pères indivis et non à la mère, 1678. Oncles préférés aux germains en fait d'héritage, 1682, 1691.

HÉRITER. Biens hérités d'un grand-père, 1681. Hériter par tête ou par souche, 1689.

HÉRITIERS. Qui ils sont, 504 art. 21. Le mari et la femme ne s'héritent pas, 504 art. 21. Héritiers ou hoirs sont exempts de reprises, 1214 art. 27; mais ils doivent recevoir l'héritage de la main du seigneur,

1214 art. 27. Le père et la mère héritent les enfants, 1532. Qui doit hériter, 1454 art. 11 et 27. L'héritier doit payer les dettes, 1569. A quoi l'héritier est obligé, 1614. Héritier général et universel, hérite tout, 1701. Institution d'héritiers. 1705. Héritier absent à an et jour, 1701. Il doit survivre le testateur, 1701. Héritiers de la maison de Longueville, après le décès de Madame la duchesse de Nemours. Leurs productions. Ils rejettent une sentence des Trois-États, ibid. Leur protestation, ibid.

HERMANN. De Neuchâtel, sa mort, 1259.

HERMITE. Origine de l'abbaye de Notre-Dame des hermites (Einsiedlen), 248. Son premier abbé, 863. L'abbaye actuelle bâtie en 945. Description de ce monastère, 1000. On y va en pélérinage, ibid.

HERVART (D'). Envoyé de S. M. britannique. Son intervention dans les démêlés de 1699. Ses mémoires et ses discours, 1699.

HEURES. Canoniques de la Vierge, 1473. Donner à boire outre heure est défendu aux hôtes, 1594, 1630. Heures du plaid, 1633.

HERZOGENBUCHSEE. Il s'y livre une bataille, 1653.

HILDEGARDE. Abbesse de Zurich, 852.

HILPERIC. Décapité par son frère Gondebaud, 494.

HIMMERIUS. Son origine, il fait bâtir un hermitage d'où St-Imier a pris son nom 601.

HIRTACUS. Gouverneur de la Suisse. 287. Il résidait à Soleure, 288.

HISTOIRE. Tragique arrivée à Neuchâtel, 1520. Histoire d'un événement surprenant arrivé à Neuchâtel à propos d'une exécution simulée, 1590.

HIVERS. Froids, 881, 939, 1128, 1407, 1484, 1485, 1490, 1503, 1514, 1518, 1569, 1638, 1709. Hivers rigoureux, 1121, 1125, 1176, 1508, 1610, 1612. Hivers longs, 1043, 1203, 1363, 1369, 1490, 1492, 1509, 1698. Hivers doux, 1087, 1098, 1236, 1289, 1497, 1506. 1581, 1609, 1617, 1640, 1650.

HOCHBERG. 1103, 1248. Origine de cette maison, 1155. (V. Rodolphe, Philippe, Jean). Les terres de cette maison mises au ban de l'empire, 1453. Mort du marquis Rodolphe de Hochberg, 1487.

HOLLANDE. Secoue le joug de l'Espagne, 1568. Cette république recommande S. M. prussienne, 1707.

HOMMAGES. Rendus par les comtes de Neuchâtel, 1260, 1288, 1311, 1357, 1397, 1407, 1453. Hommage rendu par le Val-de-Travers, 1218, 1236, 1247, 1250. Allibéré de cet hommage, 1317, 1354. Hommage rendu à l'évêque de Lausanne, 1371, 1395, 1480. Au duc d'Autriche pour le Landeron, 1358. Allibéré, 1415. Au comte de Savoie pour Cerlier, 1260, 1335, 1376. Au comte de Bourgogne, 1392. Hommage rendu par le seigneur de Valangin au comte de Neu-

châtel, 1132, 1236, 1339, 1340, 1344, 1349, 1359. 1369, 1372, 1373, 1394, 1411, 1424, 1450, 1571. Cet hommage est dû, 1584. Hommage rendu aux cantons, 1513, 1523. A l'évêque de Bâle, 1294. Opposition apportée par le comte de Neuchâtel qui prend les armes, 1295. Rendu de nouveau à l'évêque de Bâle, 1296. Cet évêque prétend à cet hommage, 1420, 1520. Hommage rendu au comte de Savoie pour Gorgier, 1260. Pour St-Aubin, 1425. Au baron de Vaud, 1340, 1344. Au vassal, 1344. Au comte Louis, 1357. Hommage doit être rendu par les vassaux, 1598 L'évêque de Bâle sollicite les comtes, ses voisins, à le lui rendre, 1294. Hommage dû aux Trois-Etats. Le Landeron en est exempt, 1559.

HOMMES. Royaux, 420. (V. Royés.) Homme lige, 1303. Hommes de diverses conditions, 1340. (V. Condition.) Hommes à la charrue, 1078. Homme choisi pour terminer un différend par un combat, 1375. Hommes considérables qui ont vécu dans les comtés, 1286, 1342, 1373, 1395, 1424, 1457, 1487, 1503, 1529. 1543. Hommes armés vus en l'air, 1538.

HONGROIS. Battus, 924, 933. Ministres hongrois persécutés viennent à Neuchâtel, 1676.

HONNEUR. Une femme qui se méfait d'honneur se prive de son usufruit, 1593.

HONORÉ. Empereur, 395.

HOPITAL. De Neuchâtel, 1231, 1539, 1547, 1552, 1554, 1558. Lettre dressée, 1562 art. 15. Traité fait au sujet de l'hôpital, 1539, 1585. Hôpital de Fribourg. Léonor d'Orléans lui fait une donation, 1571.

HOQUINCOURT. Château à Villiers, 1132, 1309. Démoli, 1366.

HORLOGE. La tour de la Malporte élevée, 1710. Incendiée, 1714. Rebâtie, 1715.

HORY. La noblesse de cette famille confirmée, 1565. Jean Hory, seigneur de Lignières, ses armes, 1625. Il gouverne le comté pendant cinq ans, 1628.

HOSPITALIER. De Neuchâtel comment élu, 1552, 1554, 1558.

HOTES. Qui donnent à boire hors d'heure, 1553. Pendant le sermon, 1542, 1553, 1594. Comment ils devront se faire payer, 1560. Comment ils devront être choisis, 1565. Ne point donner à crédit, 1565. Ils doivent tenir bon ordre, 1565, 1654 art. 16. Mandement aux hôtes, 1567, 1594. Défense de donner du vin, 1550. Hôtes punis, 1580. Exception, 1580. Comment ils peuvent se faire payer, 1594. Le serment qu'ils prêtent, 1645. Hôtes, 1681. Les hôtes sont obligés d'appuyer leur livre de raison par serment, 1696. Ils ne peuvent se faire payer d'un mineur pour dépense que d'un écot. 1696.

HUBERT (St). Temple de la Chaux-de-Fonds bâti et dédié à St-Hubert, 1518.

HUGO. De Hasenbourg, évêque de Bâle, 1172, 1177.

HUGUES. Premier comte de la Suisse, 858.
Il bâtit le château de Strættlingen, 858. Il
portait le nom d'abbé, il attaque Lothaire,
858. Il remporte deux victoires, 863. Il
est tué à la bataille d'Orbe, 867. Hugues,
fils de Lothaire, a les yeux crevés, 884. Sa
mort, 884. Hugues, couronné roi d'Italie,
926, 927, 946. Hugues, comte de Bourgogne, 936. Hugues, évêque de Lausanne,
1019. Sa mort, 1038. Hugues de Châlons,
sa mort, 1325. Hugues Favre, prêtre et
maire de Valangin, 1460. Hugues de Châlons, son mariage, 1476. Hugues Bezard,
prêtre affranchi de la main morte, 1518.
Hugues Gravier, élu pasteur à Cortaillod,
martyrisé à Bourg-en-Bresse, 1552.

HUGUENIN. De Châlons se fait bourgeois de
Berne, 1486. Sa mort, 1490. Huguenin de
Morteau, prieur de Môtiers, 1613.

HUITAINE. La dédite se peut faire, 1658.
La huitaine écoulée il n'y a plus de dédite, 1658.

HUMBERT. Gouverneur de la Suisse, 1035.
Humbert, fils de Beroald, 999, 1035. Humbert, bâtard de Savoie, seigneur de Cudrefin, 1428. Humbert de Neuchâtel, évêque
de Bâle, est un mondain, 1395. Sa mort,
1418.

HUMIDITÉS. 1557, 1570, 1577.

HUNINGUE. Origine de ce nom, 917.

HUNS. Entrent dans les Grisons, 680. Dans
la Suisse, 899. Ils ravagent treize fois la
Suisse, 905. Ruinent Bâle, 905, 917. Ils
entrent dans le Thurgau, 925.

HYPOTHÈQUE. Le comté de Neuchâtel offert par hypothèque, 1538. Il est hypothéqué, 1551, 1552, 1608, 1634. Les seigneuries de Vaumarcus, Gorgier et Travers hypothéquées, 1548. Hypothèque, pièce
échangée hypothéquée, 1674. Le mari ne
peut pas hypothéquer le bien de sa femme,
1678. Hypothèque requiert une demande,
1689. Bien non encore dévolu ne peut pas
être hypothéqué, 1696.

I

IMAGES. Du temple de Neuchâtel abattues
par les bourgeois, 1530. A Valangin, 1531.
A St-Blaise et Fontaine-André, 1531. Chan-
gées contre des bœufs, 1534. Images données au village de Cressier, 1708.

IMIER (St). 601. Donné aux chanoines de
Moutier-Grandval, 884, 932, 1000. Le cha-
pitre de St-Imier est fait combourgeois de
Bienne, 1329. Ravagé, 1367. Députés de
Bienne à St-Imier, 1529. Difficulté entre
Bienne et ce chapitre, 1534.

IMITATOIRE. 1473.

IMMUNITÉS. Des ministres, 1594.

IMPÉNITENTS. Leur rejection et excommu-
nication, 1564.

IMPOSITION. Des mains, 1532.

IMPOT. Etabli par des paysans de la Côte
et réprimé par les audiences, 1532. Impôt
mis à Neuchâtel sur les étrangers, 1585.

IMPÉRIALE. (V. *Justice impériale*).

IMPRÉCATIONS. Défendues, 1594, 1630.

IMPROCÉDURE. Relevée par les Trois-Etats,
1579.

IMPUNITÉ. Attire les jugements de Dieu,
1553.

IMPURETÉ. (V. *Ruffieux. Paillardis.*)

INCENDIES. Dans toute la Suisse, 1373. Incendie à Lausanne, 1216, 1219. A Genève,
1291, 1670. A Neuchâtel, 1249, 1269, 1424,
1434, 1450, 1526, 1714. A Bâle, 1256. A
Arberg, 1419, 1477. A Delémont, 1397. Au
Locle, 1683. A Berne, 1533, 1536.

INCESTES. Imaginaires, 1550.

INDIVIS. Peut demander la séparation de
biens, 1662. Ceux qui sont indivis s'héritent l'un l'autre, 1628, 1656, 1660, 1670,
1692.

INDIVISIBLE. Le comté de Neuchâtel est indivisible. (V. *Partage.*)

INDULGENCES. Extravagantes accordées aux
Bernois, 1518. Le pape exhorte à les recevoir, cependant plusieurs villes s'y refusent, 1518. Indulgences distribuées par
le vicaire de Besançon, 1554.

INEXÉCUTION. Des lois préjudiciable, 1565.

INFÉODATIONS. 420, 1052, 1423, 1625.

INJURE. Cause d'injure, 1622, 1668. Injures.
On doit actionner pour fait d'injures, 1670.
Demande d'injure, 1673.

INONDATIONS. 589, 1170, 1196, 1275, 1343,
1378, 1408, 1424, 1452, 1473, 1479, 1480,
1482, 1485, 1496, 1508, 1511. (V. *Rivières.*)
1528, 1537, 1543, 1554, 1560, 1562, 1567,
1568, 1572, 1588, 1598, 1608. 1611, 1615,
1622, 1642, 1651, 1665. Inondation à Neuchâtel, 1579, 1677, 1712, 1714. A Auvernier, 1706.

INSCRIPTION. Autour du chapiteau de la
chaire à Neuchâtel, 930, 1530. Effacée,
1672. Inscription des causes dans les Ma-
nuels, nécessaire, 1537.

INSECTES. 859, 1655. (V. *Vers.*)

INSPECTEUR. D'un couvent, 1329.

INSOLVABLE. Décrétable, insolvable, emprisonné, 1565

INSTANCE. Aux Trois-Etats pour la tierce,
1571.

INSTITUTION. D'héritier, 1705.

INSTRUCTION. Des enfants commandée, 1594,
1616, 1630, Instruction donnée aux députés
de Neuchâtel, 1546, 1558.

INTENDANT. Des bois, rivières, chasses,
1569.

INTENTER. 1340.

J

abbaye, 1249. L'abbé, collateur de la chapelle du Landeron, 1324. Isabelle se retient St-Jean, 1377. Cette abbaye vendue, 1517. L'abbé vend aussi son droit, 1517. La ville de Berne acquiert les revenus par la réformation, 1528. Berne devient collateur du Landeron, de Lignières, etc., 1528. Berne établit un baillif à St-Jean, 1528. Jean comte de Châlons I, sa mort, 1267. Jean de Châlons II, sa mort, 1318. Jean de Châlons III, son mariage, 1346, 1361; sa mort, 1365. Jean de Châlons IV, son mariage, 1386. Il refuse de rendre l'hommage, 1392. Il vient à Neuchâtel et confirme les franchises, 1397, 1405. Main levée de ses seigneuries, 1405. Il confirme les franchises aux chanoines de Neuchâtel, 1407. Il fait main-mise sur le comté de Neuchâtel, 1407. Son testament et la substitution qui y est contenue, 1417. Sa mort, 1418. Jean de Châlons V, 1477. Se déclare contre la France, 1479. S'enfuit à Bâle et s'en fait bourgeois, 1479. Prisonnier, 1488. Allibéré, 1491, 1492, 1493, 1499. Mort, 1502. Jean, fils du comte Louis, sa naissance, 1330. Il meurt la même année. Jean, un autre fils du comte Louis, né en 1334. Fait prisonnier en Alsace, 1359. Mort, 1368. Jean, bâtard du comte Louis, abbé de St-Jean, 1373. Jean de Fribourg, sa naissance, 1396. Son mariage, 1418. Prisonnier, 1419. Naissance d'un sien fils nommé Jean, 1426. Il est arbitre entre l'évêque de Bâle et Thiébaud de Neuchâtel, 1426. Naissance d'une fille, 1429. Il conduit des troupes en Lorraine, 1430. Il va à Bâle, 1440. Il est vassal du comte de Bourgogne, 1443. Son testament, 1450. Il va à Rome, 1450; à Waldshut, 1453; à Berne, 1453. Ses productions contre la ville de Neuchâtel, 1453. Ce qui lui fut accordé, 1453. Il renouvelle les franchises aux bourgeois de Neuchâtel, 1454. Sa mort, 1457. Jean de Neuchâtel, premier seigneur de Travers, 1413. Des sommes à lui remises, 1413. Sa mort, 1431. Jean de Neuchâtel, seigneur de Vaumarcus, achète Gorgier, 1433. Il remet Vaumarcus au duc Charles, 1476. Ses seigneuries confisquées; sa mort, 1477. Jean de Neuchâtel, gouverneur de Rothelin, 1487. Jean, seigneur de Colombier, 1423, 1449. Jean de Neuchâtel, baron de Vaumarcus, 1598. Jean-Louis-Charles d'Orléans, sa naissance, 1646. Il succède à son père, 1663. Il remet les comtés à son frère, 1668. Son départ de Neuchâtel, 1668. Il fait son testament, 1668. Il va à Rome et prend l'ordre de prêtrise, 1669. Il fait une autre donation à son frère, 1671. Il tombe dans la démence, 1672. Il est de nouveau reconnu souverain, 1672, 1674. Sa mort prétendue, 1674. Son testament, sa mort, 1694. Jean I et Dietrich, son frère, seigneurs de Valangin, leur difficulté avec Rollin, comte de Neuchâtel, 1293. Ils se constituent vassaux de l'évêque de Bâle,

1294. Ils sont faits prisonniers à la bataille de Coffrane, 1295, 1296, 1301, 1302, 1303. Jean I est établi baillif d'Uri, 1323. Sa mort, 1326. Jean II, seigneur de Valangin, 1339, 1372. Jean III, seigneur de Valangin, son mariage, 1378. Sa mort, 1385. Il se fait bourgeois de Berne peu de temps avant sa mort, 1385. Jean IV, seigneur de Valangin, son mariage, 1450. Berne l'avertit de se tenir prêt, 1469, 1476. Il s'allie avec Maximilien et Philippe d'Autriche, 1485, 1487, 1496. Jean d'Arberg; sa mort, 1453. Jean-Frédéric de Madrutz. (V. *Madrutz*.) Jean de Cossonay, évêque de Lausanne, 1238. Jean, évêque de Lausanne, vend la moitié de la ville de Lausanne, 1262. Sa mort, 1274. Jean, évêque de Lausanne, 1301. Jean de Roussillon, évêque de Lausanne, 1324, 1341. Jean Bertrand, évêque de Lausanne, 1341. Jean de Prangins, évêque de Lausanne, 1431, 1440. Jean de Michaelis, évêque de Lausanne, 1468, 1470. Jean Dorat, évêque de Fribourg, 1605. Jean de Watteville, évêque de Fribourg, 1647. Jean Baptiste de Strambino, évêque de Fribourg, 1663. Jean, évêque de Bâle, 1248. Jean de Châlons, évêque de Bâle, 1325, 1328, 1330. Jean Senno, évêque de Bâle, 1330, 1365. Jean de Vienne, évêque de Bâle; il chargea l'évêché de dettes, 1356, 1368, 1382. Jean de Bucheck, évêque de Bâle, 1382. Jean de Flekenstein, évêque de Bâle, 1423, 1430, 1436. Jean de Veningen, évêque de Bâle, 1458; attaque le comté de Blamont, 1478. Il accorde des franchises à la ville de Bienne, 1468. Il va à Berne, 1470. Jean Henri Hochstein, évêque de Porrentruy, 1646. Jean-François de Schönau, évêque de Porrentruy; sa mort, 1656. Jean Conrad de Rheinach, évêque de Porrentruy, 1705. Jean Droz, de Corcelles, 1303. Jean de Savoie, fils de Louis, baron de Vaud, tué, 1339. Jean Pictet de Savagnier, 1354. Jean d'Epagny, son fief, 1355; pourquoi on le nommait d'Epagny, 1364. Jean de Giez, 1363, 1367. Jean de Longueville; le tiers du fief de Gorgier lui est adjugé, 1399. Jean Compagnet de Courtelary, 1400. Jean Huss et Jérôme de Prague brûlés, 1415. Jean de Bellevaux, 1420. Jean Vallier, 1450. Anobli, 1524. Jean le Bel, seigneur de Cormondrèche, 1300. Jean de Cressier, 1465, 1486, 1524. Jean Girardin, 1480. Donation à lui faite, 1487. Sa mort, 1505. Jean de Stavay, 1490. Jean de Roll obtient le fief de Kriegstetten, 1495. Jean Bart, 1529. Jean Bosset, 1539. Jean Arquerius écrit à Farel, 1543. Jean de Bellegarde, 1551. Jean Allard, imposteur, 1566. Jean-Jacques de Bonstetten, gouverneur de Neuchâtel, meurt de la peste, 1576. Jean-Ulrich de Bonstetten, 1599. Il rend hommage pour Vaumarcus et Travers, 1599. Sa mort et ses descendants, 1608. Jean Clerc, dit Guy; sa lettre, 1589. Anobli, 1595. Jean Mouchet, 1589. Jean Marval, 1590,

Jean-Jacques Tribolet créé chevalier d'honneur, 1593. Capitaine Chatelain, lieutenant et receveur de Valangin, 1597. Il est anobli, 1597; ainsi que ses deux frères, 1597, 1611, Jean Tribolet, fils de Jean-Jacques, noyé à Valangin, 1615. Jean de Diesse, 1595. Jean Dupui, capitaine de Neuchâtel, 1599. Jean Parme, assassin, 1599. Jean Hory; son fief, ses armes, 1625. Jean de la Martinière, 1672. Jean-Jacques Bourgeois, capitaine; décapité, 1689, 1690. Jeanne, fille du comte Rollin; sa naissance, 1300. Jeanne de Montfaucon, comtesse de Neuchâtel, 1325. Jeanne, bâtarde du comte Louis, nommée dame de Joûx, 1396. Jeanne de Boffremont, dame de Valangin, 1411. Jeanne de Hochberg renouvelle les combourgeoisies avec les Quatre cantons, 1503. Mariage de Jeanne projeté et rejeté, 1504. Elle épouse Louis d'Orléans, 1504. Les Quatre cantons se saisissent du comté de Neuchâtel, 1512. Elle le redemande, mais lui est refusé, 1512. Elle inste de nouveau auprès des Cantons, 1516. Elle donne par un testament son bien à ses enfants, 1519. Elle vend l'île de St-Jean à LL. EE. de Berne, 1517. Le comté de Neuchâtel lui est rendu, 1529. Elle reçoit un mandement du roi, 1540. Elle l'oblige à René de Challant, 1540. Son engagement, 1540. Elle donne une procuration à Claude Collier, 1542. Sa mort, 1543. Jeanne de Savoie envoie un député à Neuchâtel, 1551.

JÉRÔME. Evêque de Lausanne, 878. Sa mort, 892. Jérôme de Prague. (V. *Jean Huss.*)

JÉRUSALEM. Assiégée par Tite, 71. Elle est prise, 72.

JETER. Une taille, 1403. (V. *Giettes.*)

JEU. De l'arbalète établi à Neuchâtel. 1476. Jeu du prix, 1553. Jeux séculaires, 248. Jeux sont défendus, 1539. De cartes, des quilles, 1539, 1542, 1550, 1553, 1564, 1594, 1616, 1630. Jeux permis, 1553.

JEUNE. Solennel, 1630. La Classe inste pour un jeûne, 1630, 1640, 1707.

JEUNES GENS. Ne doivent être soustraits, 1542. Ils doivent être soumis, 1594. Jeunes gens, 1383. (V. *Arsonnets.*)

JOINTE. 1372, 1412, 1427, 1480.

JORAN. 1537.

JORDANE. Comtesse de Neuchâtel, 1270.

JOUER. Quand on doit cesser de jouer, 1555.

JOUGNE. Tome I, page 13. An 1482. Dépend de la Franche-Comté, 1392. Prise, 1475.

JOSEPH. Empereur. (V. *Empereur.*) Joseph, comte de Tourniel, va à Berne, 1566. (V. *Tourniel*)

JOVIEN. Empereur, 363.

JOUISSANCE. (V. *Usufruit.*) Jouissance appartient à celui qui tient jusqu'à ce que l'appel soit vidé, 1516. Jouissance d'une possession dont git appel, 1516, 1559. De meubles, 1659. Une jouissance ne peut être aliénée, 1665.

JOUR. De la Cène ne doit pas être profané, 1594. Jour des six semaines pour la mise en possession, 1547. Les étrangers et absents sont exceptés, 1547. Jours des trêves, 1562. Jour des six semaines négligé, prive de l'héritage, 1671. Quand il commence et finit, 1671. Du plaid changé à Valangin, 1713.

JOURNÉE. Des justiciers de village, 1565. Journée ou salaire des témoins, 1560. Journée à Berne, renvoyée, 1557. Journée par devant la seigneurie, 1588. Journée ou diète à Soleure, 1365. Le comte Louis s'y trouve, 1365. Journée à Grandson, 1451. A Bâle, 1474, 1475, 1477. A Soleure, 1576. Au sujet de Valangin, 1591. A Payerne, 1592, 1593. A Arberg, 1474, 1618. A Lucerne, 1474, 1476, 1477. A Neuchâtel, 1475, 1476, 1575. A Fribourg, 1476, 1516. A Zurich, 1477, 1512. A Baden, 1476. A Porrentruy, 1478. A Berne, 1516. A Genève, 1516. A Stanz, 1481. A Lausanne, 1485. (V. *Assemblée, Diète, Conférence.*) Journée à Grandson, 1530, 1538. A Payerne, 1530. A Valangin, 1531. A Bienne, 1531. A Bremgarten, 1531. A Thonon, 1534. A Lucerne, 1535. A Neuchâtel et à Bâle pour les difficultés du pays de Vaud, 1561. A Bâle, 1637. A Soleure, 1638. A St-Urbain, 1698. A Bienne, 1699. A Arau, 1699. A Baden, 1720. A Arberg, 1720.

JOUTES. (V. *Tournois.*)

JOUX. Château, Tome I, page 14. An 1279. Donné à Varenne, 1361. Il a été au comte de Neuchâtel, 1507, 1516, 1543, 1548. Brûlé, 1515. Entreprise vaine sur le château, 1529, 1648. Dame de Joux, bâtarde du comte Louis, 1396. Les Joux, pâturage, 1408. Données à la ville de Neuchâtel, 1512. Dîme de la Joux, 1562. Joux de Colombier, 1625. Dite Pelichet, 1382. Joux de Martel, 1538. Confirmation de la Joux Pelichet, 1661.

JOYAUX. Donnés aux mutins des cantons, 1477. Joyaux, 1604, 1642, 1661, 1670, 1674, 1702, 1709.

JUGES. Etablis par Gondebaud, 504. Juge impérial en Suisse, 1376. Juges reconnus pour les différends de Neuchâtel, 1214, 1288, 1406, 1450, 1459. Juges qui en ont jugé, 1373, 1396, 1406, 1576, 1584. Juges nommés pour les affaires de Neuchâtel, 1457, 1459. Juges étrangers à Neuchâtel, 1523. L'empereur se déclare juge, 1415, 1453. Berne juge entre le comte de Neuchâtel et le chapitre, 1406; entre le seigneur de Valangin et ses sujets, 1475, 1476, 1566. L'évêque de Lausanne établi juge entre le comte de Neuchâtel et la ville, 1214, 1288; entre le comte de Neuchâtel et le Landeron, 1309, 1349. Juges des audiences, 1532, 1537, 1547, 1551, 1552, 1553, 1559, 1560, 1565, 1571, 1618. Juges des audiences de Valangin, 1571, 1580, 1588, 1618. Juges des Trois-Etats reconnus souverains, 1551, 1565, 1576, 1618. Serment qu'on prête aux juges des Trois-Etats, 1618. Règlement fait à leur égard, 1668. Juges des fiefs; difficulté sur ce sujet, 1344, 1366, 1424, 1532. Juges du consistoire seigneurial et de la matrimoniale, 1547, 1550. Juge du temporel des ecclésiastiques, 1582, 1594; des communautés, 1693. Juges des Trois-Etats récusés, 1694, 1707. Réadmis, 1694. Noms des juges des Trois-Etats, 1707. Arrêt du conseil de ville concernant les quatre juges des Trois-Etats, 1695. On doit actionner un homme rière son juge, 1406, 1671. (V. *Domicile. Justiciable.*) Juge intéressé n'est pas admissible, 1693. Degré de parentage d'un jugé, 1693. Ils sont juges en dernier ressort, 1696. Juges des décrets, 1695. Juges pour fait de crimes, 1707. Juges envoyés aux justices; leur salaire, 1547. Juges extraordinaires, 1552; leur salaire, 1552. Quel juge doit juger de la validité d'une obligation, 1659.

JUGEMENTS. Anciens doivent subsister, 1214 art. 19, 1454 art. 20. La non comparaissance en jugement doit 4 sols, 1214 art. 4. Jugements rendus par LL. EE. de Berne entre le prince et la ville de Neuchâtel, 1406, 1475. Entre le seigneur de Valangin et ses sujets, 1476. Jugement des Trois-Etats concernant le souverain, 1672, 1694, 1707. De Dieu sur les persécuteurs de ses serviteurs, 1540.

JUGER. En quel degré on peut juger, 1532. Qui sont ceux qui peuvent juger, 1454 art. 38. Les officiers du prince peuvent juger, 1453 art. 17. Pouvoir donné aux audiences de juger souverainement, 1551.

JUIFS. Attaqués par Tite, 71. Détruits dans tout l'Orient sous Barcosbas, leur chef, 126. Dispersés, 135. Chassés de la Suisse, 632. Juifs crucifièrent un enfant à Berne, 1287. Ils en sont chassés, 1287. Juifs à Neuchâtel, 1288, 1348, 1349, 1406. Les Juifs devaient porter des marques, 1406, et faire des prêts aux bourgeois de Neuchâtel à même intérêt qu'aux autres sujets du comté, 1406.

JULES-CÉSAR. Tome I, page 13, 14 et 15.

JULIE, JULIENNE. (V. *Loi.*)

JULIEN. L'apostat, empereur, 355, 361, 363. Julien, cardinal, évêque de Lausanne, 1472, 1474. Sa mort, 1476.

JUPITER. Adoré par les Suisses, Tome I, page 3.

JUNOUD. Pichon, pasteur à Dombresson, va à Genève avec Farel, 1553.

JUREMENTS. Enormes doivent être punis par le magistrat, 1553, 1594, 1616, 1630. Jurements de la ville d'Estavayer, 1344.

JURER. Le comte de Neuchâtel jure le premier et les bourgeois après lui, 1214, 1454.

JUREURS. Leur punition. Ils doivent baiser terre, 1553.

JORISSENS. (V. *Lugnores.*)

JUSTICE. De Môtiers; ses droits vendus, 1526. Lorsque la justice manque dans un Etat, c'est un grand mal, 1557. Droits de jus-

tice se payent comptant, 1565. (V. *Droit.*) Un bourgeois ne peut être distrait de sa justice, 1658, 1681. Refus de justice, 1571. Sentences de justice sans appel sont exécutoires, 1696. Justice souveraine peut relever, 1701. Le prince peut prendre quelle justice que bon lui semble, 1547. Justice impériale ne souffre point d'appel. Eclaircissement. Ce qui y est jugé ne se juge plus, 1699. Justices établies à Neuchâtel, 1214, 1347, 1351, 1354. A Lignières, 1326. A la Sagne, 1429, 1480. A Valangin, 1352. A St-Aubin, 1496. A la Chaux-de-Fonds, 1656. Justice; délai qu'on peut y avoir, 1570. Les justices sont soumises aux décrétales, 1570. Abus des justices corrigé, 1570. Abréviation de la justice, 1580. Quand elle se doit tenir, 1588. Défaut en justice, 1588. Justice doit être administrée contre le souverain, 1547, 1558. L'usufruit est saisi sous figure de justice. Justice de Valangin doit juger des causes entre le seigneur et ses sujets, 1372, 1558. Renfort de justice, 1500. Justice criminelle accordée au seigneur de Colombier, 1531. Justice légataire établie, 1532. Députation de la ville à la princesse à ce sujet, à la suite de laquelle cette justice fut règlée, 1532. Justice de la police, 1643. Justice ou chambre féodale, 1538. Demandée, 1629. (V. *Chambre.*) Justice matrimoniale, 1536. On peut appeler de ses sentiments, 1536. Matrimoniale de Valangin établie, 1547, 1550. Justice consistoriale à Valangin, 1538. Changée, 1547. Elle n'était pas un consistoire, 1547. Justice matrimoniale, ses émoluments, 1547. On y prête un serment solennel, 1547. Justice extraordinaire établie à Valangin, 1552; quels sont les juges; leur salaire; pour quel sujet ils doivent s'assembler. Appel permis, 1552, 1580. Pour quels sujets on peut l'assembler, 1565, 1588. Paroles illicites proférées en justice sont punies, 1553, 1559. (V. *Démentis.*) Justice criminelle réservée par les comtes de Neuchâtel, 1372; accordée au seigneur de Valangin, 1303; à diverses justices du comté, 1347, 1354, 1372, 1373, 1414, 1446.

JUSTICIABLES. Sont les étrangers, 1691.

JUSTICIER. Ne peut être avoyer, 1537, 1565. Décret concernant les justiciers, 1540. Justiciers et sautiers; leurs dépens à l'extraordinaire aux taxes, 1560. Un justicier ne doit faire l'office de sautier, 1560. Leur salaire, 1565. Justiciers de village; leurs journées, 1565. Leurs émoluments règlés, 1569, 1588, 1622. Justiciers, parents ou suspects, doivent être remplacés, 1580; leur salaire lorsqu'ils font une taxe, 1580. Ils peuvent faire des notifications, 1580, 1588. Emoluments des justiciers, 1683. Il faut deux justiciers pour faire une taxe, 1683.

K

KAISER. Origine de ce nom, 69.
KAISERSTUHL. Bâti, 29.
KATZ. Machine de guerre, 1324.
KEMPTEN. 563.
KRIEGSTETTEN. 1180, 1310, 1347, 1466. Acquis par les Bernois, 1482. (V. *Fief*, 1493.) Remis à Jean de Roll, 1495. Qui sont ceux qui l'ont possédé, 1459, 1495, 1496, 1517.
KYBOURG. Ce château démoli, 1032. Château de Kybourg dans le Thurgau, bâti, 1059. Le comte de Kybourg attaque Berne, 1242. Hartmann, comte de Kybourg, 1319. Eberhard, comte de Kybourg, 1322.

L

LAC. De Thoune, 604. Lac de Bienne, nommé lac de Neurol, 1249. Les droits du baillif de Nidau sur ce lac, 1456. Difficulté avec Berne au sujet de ce lac, 1688. Lac de Neuchâtel; passer le lac pour néant est un privilége du comte, 1453 art. 5. Aller sur le lac est défendu le dimanche, 1553. Lac de la Brevine peuplé de poissons, 1660. Lacs de la Suisse gelés, 764, 859, 928, 1233, 1277, 1363, 1407, 1420, 1435, 1439, 1443, 1469, 1491, 1514, 1546, 1551, 1565, 1571, 1573, 1608, 1624, 1660, 1695.
LÆBERBERG. 1383.
LÆBERN. Seigneurie, 1165. Vendue à la ville de Soleure, 1383.
LADRERIE. Cause de divorce, 1550. Comment on doit procéder en fait de ladrerie, 1550.
LAITAGE. Permis aux Suisses, 1504.
LAHIRE. Capitaine en France, anobli, 1699.
LAMBERT. Evêque de Lausanne, 1089. Lambert de Vautravers, 1213, 1218.
LANCE. Sacrée, 927. Remise à l'empereur Henri I, 935, 1074. Suivre la lance, 1372, 1503. Abbaye bâtie, 1317. Donation faite à cette abbaye, 1354. Ses chartreux, 1539.
LANCELOT. De Neuchâtel; traité fait entre lui et ses fils, 1531, 1540, 1544, 1552, 1558, 1559, 1563. Sa mort, 1574. Conclusion des partages des fils de Lancelot, 1568.
LANDRIC. Evêque de Lausanne, 1158. Prisonnier, 1160. Déposé, 1173.
LANDERON. Origine de ce nom, 380. Le comte Rollin commence de bâtir le Landeron par hostilité contre l'évêque de Bâle. Le Landeron converti en bourg ou ville, 1324, 1340. Sa combourgeoisie avec Soleure, 1324. Fiefs du Landeron acquis, 1329. Brûlé, 1348. Etablit un banneret, 1349. Donné en fief à Albert d'Autriche, 1358. Franchises accordées au Landeron, 1359. Le comte de Neuchâtel rend hommage à Léopold d'Autriche pour le Landeron, 1369, 1415. Le Landeron achète l'ohmgeld, 1369. Ses franchises confirmées, 1369. Landeron érigé en baronnie, 1373. Varenne donne à ceux du Landeron de nouvelles franchises, 1373. Ils obtiennent un vjdimus, 1374. Plaid de St-Maurice, 1403. Conrad de Fribourg allibéré de l'hommage dû au duc d'Autriche pour le Landeron, 1415. Acte à eux accordé, 1425. Assemblée au Landeron, 1451, 1531. Le Landeron refuse de se réformer, 1541. L'évêque de Lausanne établi juge des différends du comte avec le Landeron, 1349. Landeron reste catholique et comment, 1542. Soleure s'oppose à la réformation du Landeron, 1546. Ses reconnaissances, 1547. Une partie du Landeron demande un pasteur, 1553, 1555. Landeron exempté de l'hommage aux audiences, 1559. Il refuse encore la réformation, 1561. Amodiation de cette baronnie, 1569. Landeron renouvelle sa bourgeoisie avec Soleure, 1594. Les deux capucins, 1699. Les fiefs de Vaumarcus et de Courtelary étaient rière le Landeron, 1618. Le Landeron fait une proteste, 1707. Il refuse de prêter le serment, 1707. On l'y contraint, 1707.
LANDSFRIEDEN. Publiée, 1529.
LANGUE. Romaine ou romande et langue allemande, 842.
LANGUES. Appartiennent au prince, 1537, 1595.
LARCIN. 504 art. 6 et 20.
LARRONS. Qui dérobent les raisins et les fruits, 1547.
LAUPEN. Il s'y livre une bataille, 1339. Description de cette bataille, 1339.
LAUSANNE. Bâtie, 275. Agrandie, 593. Devient le siége épiscopal, 593. Capitale du royaume de Bourgogne, 911, 948. Assiégée, 1149. Brûlée, 1219. La moitié de Lausanne vendue, 1262. La moitié de Lausanne remise au comte de Savoie, 1313. Traité entre Lausanne et l'évêque, 1525. Lausanne prise par les Bernois, 1536. Sa réformation, 1536. Son collége bâti, 1556. Lausanne menacée, 1588.
LAVAUX. 1563.
LECTURE. Des papiers en justice se fait sans émoluments, 1683.
LEGS. Fait à l'église repris, 1559. Legs faits à l'hôpital, 1585. Quand on doit payer les legs, 1662, 1663. Legs pécuniaire, 1659,

1683, 1704. Le legs retourne à l'héritier, 1701.

LÉGATAIRE. Justice légataire établie; 1532. Opposition et règlement fait, 1532. Justice légataire à Valangin, 1532. La mort du légataire qui arrive avant celle du testateur ne rompt pas le testament, 1701.

LÉGION. De Thèbes, 287.

LÉGISLATEUR. Des Suisses, 620.

LÉGITIME. Des enfants, concerne aussi les acquêts, 1629. Le père n'est pas obligé de donner la légitime pendant sa vie, 1674. Légitime, quand dévolue, 1695. Un enfant qui n'a pas eu sa légitime, 1696. La légitime est dûe dès la naissance d'un enfant, 1696, 1700, 1703. Légitime des enfants, 1547, 1549, 1559, 1565, 1574, 1583, 1604, 1622, 1629, 1636, 1642, 1658, 1659.

LÉGITIMER. Légitimer des enfants bâtards était au pouvoir du prévôt de Valangin, 1505.

LÉGUMES. (V. *Eminage.*)

LÉONOR. D'Orléans, duc de Longueville, sa naissance, 1540. Il succède à François d'Orléans son cousin, 1552. Il est fait prisonnier de guerre, 1557. Il confirme des actes passés par Jacqueline de Rohan, 1558. Ses titres, 1562. Il part de Neuchâtel, 1562. Son mariage, 1563. Il change de religion, 1565. Il fait la guerre aux réformés, 1569. Il est déclaré prince du sang, 1571. Sa mort et ses descendants, 1573. Léonor d'Orléans, fils de François et petit-fils de Léonor, duc de Longueville; sa mort, 1622.

LÈPRE. (V. *Ladrerie.*) 958.

LÉPREUX. 1551.

LESDIGUIÈRES. Duchesse prétendante à la souveraineté de Neuchâtel, 1707. Ses manifestes, 1707.

LETTRES. Lettre de Rodolphe de Habsbourg, 1284. Du seigneur de Valangin à la ville de Colmar, 1357. Du roi de France au comte Louis, 1347. De l'empereur aux Cantons, 1475. Lettres judiciaires de Jeanne de Hochberg en faveur de ses enfants, 1519. Du roi de France aux Cantons au sujet de Neuchâtel, 1527. Au sujet de la Bourgogne, 1674. De Jean de Fribourg à Berne, 1456. De l'empereur à Rodolphe de Hochberg, 1463. Des Suisses au duc de Bourgogne et au comte Rodolphe de Hochberg, 1469, Du comte Rodolphe à la ville de Neuchâtel, 1486. De René de Challant à Dame Jeanne de Hochberg, 1529. De Marie de Bourbon au comte de Montbéliard, 1588. Des Sept cantons catholiques à Marie de Bourbon, 1575. De Soleure au roi, 1536. De Zurich et Bâle à Neuchâtel, 1541. Du conseil d'Etat à Jacqueline de Rohan, 1557. De Jacqueline de Rohan à Berne, 1552. Réponse de Jacqueline de Rohan à l'ajournement de la reine d'Ecosse, 1552. Lettre au sujet de l'hôpital, 1559. De Mad. de Longueville au conseil d'Etat, 1663; au roi, 1673; au conseil d'Etat, à la Classe et au Conseil de ville,

1674. Des Quatre Cantons au roi, 1699. Réponse, 1699. De M. de Torcy à Mad. de Nemours, 1699. Lettre *de Berne* à Mahaut de Valangin, 1386. A Jean de Fribourg, 1443; réponse, ibid. A Neuchâtel pour les consistoires, 1549. Au roi Henri II, 1552. Réponse du roi, 1552. Au roi Henri II, 1553. Au gouverneur de Neuchâtel, 1570, 1571. A Marie de Bourbon, 1600. A Neuchâtel au sujet de Grandson, 1583. Au sujet de Valangin, 1583, 1585. Au sujet des péages, 1586. Pour des troupes, 1589. Au sujet des bourgeois externes, 1599. Au sujet de Vaumarcus, 1609. Au conseil de ville de Neuchâtel, 1616. Au prince sur la rétraction de Valangin, 1627. Au conseil d'Etat de Neuchâtel, 1714. Du conseil d'Etat au conseil d'Annecy, 1557. A Jacqueline de Rohan, 1557. A Berne, 1673, 1683. Lettre à la comtesse d'Avy, 1581. Des sujets de Valangin au comte d'Avy, 1582. De la comtesse d'Avy, 1583, 1584. Lettre de combourgeoisie entre Berne et Neuchâtel, 1406. Renouvelée, 1582, 1616, 1693. *Lettres de Farel*, 1529, 1532, 1539, 1541. A Calvin, 1546. *De Calvin* à la Classe de Neuchâtel, 1542, 1544. A Farel, 1543, 1544, 1546, 1556, 1561. De Fabry à Farel, 1563. Lettre à la Classe de Thonon, 1573. Du capitaine Clerc à Valangin, 1589. Du conseil de ville à LL. EE. de Berne, 1618. A Mad. de Longueville, 1674. A Berne pour le vin, 1698. Lettre du prince à Berne, 1618. Aux cantons de Lucerne, Fribourg et Soleure, 1618, 1683. Des bourgeois de Valangin au prince, 1651. Réponse, 1651. Au roi, 1709. Réponse de S. M., 1709. Au roi, 1712. A Mad. de Nemours, 1700. A S. M. le roi de Prusse, 1707. Du gouverneur au roi, 1712. Réponse, 1712. Lettres diverses, 1707. Du roi de Suède, 1707. De Dupuis, 1707. Du nonce du pape, 1707. Réponse, 1707. Lettres de Mad. de Nemours, 1672, 1673; à M. de Mollondin, 1673; à Louis XIV, 1693, 1699; aux cantons, 1698; à Neuchâtel, 1699. Lettres du prince de Conti aux cantons, 1707, 1708; au conseil d'Etat et conseil de ville, 1699; au roi, 1699. De la princesse de Conti aux bourgeois de Neuchâtel et de Valangin, 1709. Lettre du prince de Nassau-Siegen, 1707. De l'ambassadeur français résidant à Soleure au gouverneur de Neuchâtel, 1707. Lettres du roi de Prusse, 1703, 1711. Lettre de taxe nécessaire, 1634. Lettres viagères, 1696. Lettres de noblesse, 1709.

LEUDEMONDE. Evêque du Valais, 531.

LEVÉE. Pour la France, 1585.

LIBELLE. De Caroli contre Farel, 1543.

LIBÉRÉ. Etablissement du libéré, 1520.

LIBERTÉ. De testes accordée, 1214 art. 28, 1705. D'acheter des fiefs, 1554. D'acheter des possessions, 1562. Liberté de conscience admise par le prince dans le comté de Neuchâtel, 1618. Mandement à ce sujet, 1618.

Liberté de vendre ses possessions accordée, 1214 art. 25, 1454, 1480.

LIBON. Evêque de Lausanne, 927. Sa mort, 932.

LIBRES. Comment les personnes libres peuvent se marier, 1550.

LIENHARD. De Chauvirey, gouverneur de Neuchâtel, 1488. Sa mort, 1511.

LIEUTENANTS. Généraux de la Suisse, 413, 1214, 1284. (V. *Régents.*) Lieutenants du comté de Neuchâtel, 1351, 1469, 1488. Lieutenants de gouverneur établis, 1699. L'un à Neuchâtel, l'autre à Valangin, 1584. Lieutenants de Valangin, 1487, 1513, 1524, 1551, 1576. Pouvoirs à eux donnés, 1580 art. 12, 1487, 1498, 1500, 1526, 1529, 1542, 1597, 1603, 1632, 1635, 1637. Leur serment, 1637.

LIEU. Où le délit est commis est celui où il doit être recherché, 1703. Lieux vagues accordés à Neuchâtel, 1537, 1562.

LIGE. Homme lige, 1303.

LIGNE. Collatérale; il n'y a aucune représentation, 1642. Ligne droite, préférée à la collatérale, 1644.

LIGNIÈRES. L'abbé de St-Jean en était collateur, 1090, 1326, 1349. L'évêque de Bâle vend ses droits sur Lignières au comte de Neuchâtel, 1368. Moulin de Lignières, 1380. Différend au sujet de Lignières, 1403. Demandes de l'évêque de Bâle à François d'Orléans, et réponse du prince, 1531. Lignières obtient un pasteur, 1553. Difficulté au sujet du gage, 1553, 1594; réglée, 1599. Lignières, qui appartenait à l'évêque de Bâle est échangé contre Miécourt et Colonges, 1624. Echange confirmé, 1625. Promesse aux habitants de Lignières, 1625. Délimitation, 1673, 1680. Conférence pour les limites, 1675.

LIGUE. Des comtes contre la ville de Berne, 1338. Ligue Suévique, Tome I, page 5.

LIMITES. Anciennes de la Suisse, Tome I, page 3. De la baronnie de Neuchâtel, 1035. Entre l'évêché de Bâle et Neuchâtel, 1284. Du comté de Neuchâtel, 1311. Des pâturages de Neuchâtel, 1454 art. 51. Deux témoins assermentés au sujet des limites, 1335. Entre Neuchâtel et Valangin, 1340. De la seigneurie de Gorgier, 1340. Entre Grandson et la Ste-Croix, 1346. Limites des Verrières, 1373. Du Locle et de la Sagne, 1372. De la dîme de St-Pierre, 1373. Entre la Bourgogne et le comté de Neuchâtel, 1373. Entre Grandson et le Val-de-Travers, 1378, 1614, 1720. Entre le comté de Neuchâtel et la seigneurie de Valangin, 1408. De la seigneurie de Travers, 1413. Du fief de Gorgier, 1428, 1433. Entre Grandson, la Ste-Croix et Neuchâtel, 1446. Assemblée pour les limites, 1452, 1453. Limites du Locle et de la Sagne, 1480. De Coffrane, 1486. De la dîme de St-Imier ou de Treyporta, 1475. Entre Berne et Neuchâtel par la Thielle, 1654, 1655. Entre les

mairies des Montagnes et celles de Valangin, 1663.

LINGES. Et habits en fait de partage, 1642. De l'hôpital, 1585.

LISMANIN. Ecrit à Farel, 1555.

LIT. Armes, maison. (V. *Maisons.*) Lit de la femme appartient au mari, 1658, 1660, 1661, 1674, 1702, 1703. Lit en fait de partage, 1642.

LIVERDIS. Ambassadeur de France dans les Grisons fait un traité avec la ville de Neuchâtel, 1585, 1707 art. 7.

LIVRE. Bonne et forte de Savoie, sa valeur, 1503, 1529. Livre de raison doit être cru, 1553. Livre de raison d'un défunt; on ne peut pas jurer contre, 1693. Un hôte doit appuyer son livre de raison par serment, 1696. Livres composés par Calvin, par Farel, par Viret, par le roi d'Angleterre, 1551.

LIVRÉE. De terre, 1357, 1378 art. 14.

LISIEUX. Evêque de Lisieux, proche parent de Mad. la duchesse de Nemours et frère du comte de Matignon, 1714.

LOCLE. Les portes du Locle, 1303. Verger du Locle, 1303. Péage du Locle 1340. Le Locle érigé en paroisse et communauté, 1351. Franchises accordées, 1372. Il est gagé pour un setier de vin, 1378. Ceux du Locle et de la Sagne doivent deux aides, 1372. Chemin public, 1378. Habergeants du Locle, 1382. Franchises accordées, 1393. La chapelle du Locle bâtie, 1351; réparée ou agrandie, 1405. Franchises accordées au Locle, 1408; confirmées, 1409. Nouvelles franchises accordées, 1412. Pension du curé, 1418. Le patronage de l'église du Locle appartenait au seigneur de Valangin, 1426; qui pourvut cette église, 1426. Franchises confirmées, 1427. Le Locle allibéré de la maintenance des fausses brayes, 1449. Course des Bourguignons au Locle, 1476. Le Locle obtient la protection de Berne, 1476. Franchises, 1480; confirmées, 1498. Promesses faites à ceux du Locle par Claude d'Arberg, 1506. Temple du Locle bâti, 1506. Le Locle affranchi du rude bâton, 1508. La tour construite, 1521. Farel va au Locle avec Guillemette de Vergy, 1532. Bois accensé au Locle, 1533. Le Locle se réforme, 1536. Bois banaux accordés à ceux du Locle, 1537. Accensement de la Joux verde, 1538. Maison de cure du Locle, 1555. Foire accordée au Locle, 1567. Le cours des eaux accensé, 1567. Permission de semer la Joux Pelichet, 1576. Le Locle bâtit des moulins, 1653. Il paie l'aide, 1669. Plaintes des communiers du Locle, 1670. Locle taverne, 1645. La maison de communauté, 1648. Le prince leur confirme un acte, 1662. Acte du clos de la franchise, 1372, 1669. Incendie au Locle, 1683. Ceux du Locle députent à Berne pour faire renouveler la protection à eux promise par LL. EE., 1693.

LODS. 1214 art. 25, 1412, 1454. Lods réglés au douzième denier, 1214. Lods, 1340, 1372, 1408, 1616. Lods ne sont pas dus en partage et en mariage, 1408, 1416. Lods des subhastations, 1537, 1562. Lods dûs au décret, 1570. Dus par les vassaux lorsqu'ils vendent leurs seigneuries, 1586. Lods n'est pas dû lorsqu'on se dédit, 1690. Lods, demi-lods, 1618, 1654, 1707.

LOCALE. Vision locale quand elle doit se faire, 1560.

LOIS. Loi Julienne, Tome I, page 15. Lois établies par Gondebaud, roi de Bourgogne, 504. Corrigées par Thierry, 526. Réformées par Clotilde, 620. Loi à l'égard des fiefs, 504 art. 1, 2, 3, 1261. Lois de Justinien, 531. Loi Julie, 1428, 1433. Lois concernant la guerre, 1476. Lois contre les usures, 1522. Lois concernant les mariages, 1536, 1550. Confirmation de ces lois, 1550. Lois concernant les dépens, 1551. Lois souveraines, 1553, 1615, 1664, 1685. L'inexécution des lois est préjudiciable, 1565. Compilation de plusieurs lois, 1569, 1640, 1672. (Lois. V. *Décrets. Décrétales.*) Lois établies, 1700. Loi impériale, 1550, 1552. Lois données à Bienne, 1296.

LOMBARDS. Fin de leur royaume, 773.

LONGUEVILLE. François, comte de Longueville; sa mort, 1491. Le comté érigé en duché, 1505. Cette maison éteinte, 1672. Mort de Madame de Longueville, 1679. Mort du chevalier de Longueville, 1689. (V. *Marie de Bourbon, Anne Geneviève de Bourbon.*) Les héritiers de cette maison. (V. *Héritiers.*)

LORRAINE. Origine de ce nom, 842. Le comte Jean de Fribourg y conduit des troupes et est victorieux, 1430.

LOTHAIRE. Fils de Louis-le-débonnaire, 840. Vaincu par ses frères, 841. Il eut la Suisse, 842. Sa mort, 855. Lothaire roi de Lorraine, 855. Il va à Rome, 868. Il est empoisonné avec une hostie, 868. Lothaire roi d'Italie, 932, 949. Lothaire II, empereur, 1137.

LOTS. Faits au partage de la succession de Jeanne de Hochberg, 1543.

LOUPS. 1529, 1537, 1571. Loup enragé, 1672. Loups cerviers, 1708. Loups sangliers, 1710, 1712.

LOUIS. Louis-le-débonnaire, 815, 840. Louis de Bavière, souverain de la Suisse, 868, 876. Louis, duc de Savoie, 1462. Louis de Péterne, évêque de Bâle, 1170, 1172. Louis I, baron de Vaud, 1345. Louis II, baron de Vaud, 1348. Louis de Châlons I; 1248; sa mort, 1267. Louis de Châlons II fait la guerre à Catherine de Bourgogne, 1424. Il traverse le Rhône à cheval, 1429. Jean de Fribourg lui rend hommage, 1453. Son procédé contre Rodolphe de Hochberg, 1457, 1458. Il députe à Berne, 1458. Ses offres à Rodolphe de Hochberg, 1458. Il est condamné par l'official de Besançon, 1458. Il

en appelle par devant le pape, 1459. Et étant encore condamné il envoye un procureur au pape, 1459. Le pape renvoie ce différend à l'empereur, 1462. Il fait son testament et va à Rome, 1462. Sa mort, 1463. Louis, comte de Neuchâtel, sa naissance, 1304. Consulté par le roi de France, 1348. Mariage de sa fille Marguerite, 1364. Il attaque le duc de Bourgogne et est fait prisonnier, 1366. Son troisième mariage, 1370. Il acquiert plusieurs droits de l'empereur, 1347, 1354, 1357. Son testament et sa mort, 1373. Louis, fils de Louis, comte de Neuchâtel, 1344. Louis d'Orléans épouse Jeanne de Hochberg, 1504. Son origine, 1504. Il crée des bourgeois; il approuve un acte; il fait un présent à la ville de Neuchâtel; il renouvelle les combourgeoisies; son départ de Neuchâtel; ses lettres, 1504. Ses seigneuries de Bourgogne confisquées, 1507. Récompensé du roi de France, 1508. Il commande en Italie, 1509. Il hérite du duché de Longueville, 1512. Il est envoyé aux cantons; il retourne en France et passant par Neuchâtel il donne la Joux à la ville, 1512. Il est fait prisonnier, 1514. Il fait un héritage; sa mort, 1515. Louis, fils de Louis d'Orléans; son mariage, 1534. Sa mort, 1536. Louis de Bourbon, comte de Soissons; sa mort, 1641. Louis Collomb, abbé de Fontaine-André, 1536. Louis, comte de la Chambre, se fait bourgeois de Berne, 1487. Louis de Diessbach, premier baillif de Neuchâtel, 1512.

LOUISE. Louise d'Arberg; sa mort, 1523. Louise de Soissons, 1548, 1617, 1637. Louise d'Arberg; sa mort, 1639.

LUBIÈRES. Baron de Lubières arrive à Neuchâtel, 1714. Etabli commandant en chef, 1714. Il va à Berlin, 1717. Il revient avec le titre de gouverneur, 1717. Sa mort, 1720.

LUCERNE. Bâtie. Origine de ce nom, 502. Journée de Lucerne, 1535. (V. *Journée.*) S'allie avec le comte de Neuchâtel, 1501. Lucerne en campagne, 1656.

LUCIUS. Anglais, vient prêcher l'Evangile en Suisse, 171. Il est martyrisé, 171.

LUCIUS CASSIUS. Consul romain, défait par les Suisses, Tome I, page 7. Lucius Verus, empereur romain, an 165, 171. Lucius Vetus, gouverneur des Gaules, 68.

LUGNORES ou LUGNORRES. Lugnorres Torissens et Provence adjugés à Marguerite de Wufflens, 1378, 1406. Les habitants de Lugnorres sont bourgeois de Neuchâtel, 1035, 1406. Ils sont sous la bannière de Neuchâtel, 1406. Le duc de Savoie en était seigneur suzerain, 1260, 1470.

LULLY. (V. *Stavay.*)

LUNE. Deux lunes apparaissent, 1118. Trois lunes, 1313, 1470, 1568. La lune paraît rouge, 1571.

LUTHOLD. De Rothelin, évêque de Bâle, 1191, 1213. Luthold II, évêque de Bâle, 1249.

M

MANDEMENT. De l'empereur rejeté à Neuchâtel, 1487. De Perles, 1452. Des Quatre Ministraux au châtelain de Thielle, 1543. Du roi de France à la princesse Jeanne, 1540. Pour la milice. (V. *Ordre.*) Pour les degrés de parentage, 1560. Du consistoire seigneurial de Valangin pour fréquenter les prêches sur semaine, 1554. A la justice de Valangin, 1558. Contre la chasse, 1626. Mandement pour les mœurs, 1594, 1616, 1647. Pour les monnaies, 1714, 1717. Plaintes de la ville au sujet de la publication des mandements, 1618 art. 3. Aux notaires, 1598. Pour le vin, 1668. Les communautés des montagnes s'y opposent, 1668. De la seigneurie, 1673, 1699. D'arracher les vignes, 1683. Pour le nouveau règlement, 1700. Valangin consulté pour les mandements, 1707. Contre les chiens, 1703. Contre les devins, 1711. Pour les bâtards, 1715.

MANERIUS. Evêque de Lausanne, 602, 620.

MANGOLT. Comte de Nidau, 1164.

MANIFESTE. De la comtesse d'Avy, 1576. De LL. EE. de Berne, 1618. (V. *Mémoire.*) Manifeste de Monsieur le prince de Conti, 1699, 1707. De Madame de Longueville, 1673, 1674. De Madame de Nemours, 1673, 1694, 1698, 1699. De M. de Matignon, 1699. Du chevalier de Soissons, 1699. Manifestes de tous les prétendants à la souveraineté de Neuchâtel, 1707. Du duc de Luynes, 1713.

MANIQUET. Conseiller du duc de Longueville, demande un délai dans le différend entre le comte de Tourniel et Madrutz, 1571.

MARC. Sa valeur, 1382, 1458, 1475.

MARC-AURÈLE. Empereur, 161. Il était stoïcien, 161. Il vient secourir les Grisons, 165. Il agrandit Genève, 165.

MARCHANDS. Leur roi créé, 1475, 1507, 1554. Marchands suisses, leurs priviléges en France, 1470; confirmés, 1516, 1550. (V. *Suisses.*) Marchands qui ont des fenêtres, 1454 art. 44. Marchands de la seigneurie de Valangin ont un prévôt, 1599.

MARCHE. 1344, 1406, 1486, 1495, 1516, 1599, 1618, 1632. Marche offerte par les députés du duc de Nemours, 1557. Les Quatre Ministraux cités à la Marche, 1557. Berne accepte la Marche, 1557. Offre la Marche, 1609, 1610. Marche offerte à Berne par les Quatre Ministraux et refusée, 1718.

MARCHE. Comte de la Marche, 1720.

MARCHÉS. Marchés et foires doivent être gardés, 1214 art. 19. Marché accordé à Môtiers, 1590, 1623. Opposition, 1623. Marché établi aux Verrières, 1669. A Valangin, 1712. De la Chaux-de-Fonds, 1721.

MARCOURT. (V. *Antoine.*)

MARÉCHAUSSÉE. De Gorgier, 1340. Maréchaussée qu'on veut établir dans le comté, 1710.

MARÉCHAUX. Ce qu'ils doivent, 1214 art. 23, 1536.

MARÉNAGE. Les bourgeois de Neuchâtel ont leur marénage à Planhoz, 1454 art. 50.

MARETS. Pierre Menthon, seigneur de Marets, ambassadeur du duc de Nemours, vient à Neuchâtel, 1551.

MARGUERITE. De Vufflens, épouse du comte Louis, 1370. (V. *Isabelle.*) Marguerite de Neuchâtel, 1640. Marguerite de Vaumarcus, son testament, 1585. Marguerite d'Orléans, sa mort, 1615. Marguerite de Laviron, sa mort, 1627.

MARGRAVE. De Brandenbourg; sa mort, 1711.

MARGUILLIER. 1473. De Neuchâtel, 1539.

MARI. Le bien du mari doit être saisi le premier, 1591, 1678. Comment on doit démêler les biens du mari qui a eu deux femmes et de la femme qui a eu deux maris, 1604. Ce que le mari doit retirer en fait de partage, 1604. Il relève son bien, 1604. Ses meubles et habits en fait de partage, 1604. Son bien doit être saisi le premier, 1620, 1637, 1656, 1686. Le lit de la femme qui meurt est au mari, 1660. Mari qui déserte le mariage, 1691. Le mari ne peut aliéner le bien de sa femme sans son consentement, 1620, 1664.

MARIAGE. Lois concernant les mariages, 1536, 1539, 1541, 1542, 1660. Les mariages doivent un setier de vin, 1378. Mariage permis aux habergeants, 1464. Les mariages doivent être bénis publiquement, 1536; dans l'église dont on est paroissien, 1536, 1541. Inscriptions, 1541. Comment on doit les contracter, 1550. Désertion du mariage, 1550, 1691. Comment on peut se remarier après la séparation, 1550. Celui qui se marie sans congé, son mariage est nul, 1550, 1672. Les traités de mariage sont inviolables, 1699. Comment les promesses doivent se faire, 1564. Mariages clandestins, 1536. En fait de mariage, fraude et barrat n'y a lieu, 1547. Les fiancés ne doivent habiter ensemble, 1546, 1553. Trafiqueries en fait de mariage condamnées, 1546. Un traité de mariage casse un testament, 1547. On ne doit bénir les mariages que dans la paroisse, 1553. Comment on peut bénir le mariage des avenaires, 1553. Traité de mariage, 1593. Mort et vendition rompent toute amodiation, 1685. Renonciation faite par un traité de mariage est irrévocable, 1674. Mariage de l'empereur Frédéric I, 1156; d'Ulrich, comte de Neuchâtel, 1222; de Marguerite, fille du comte Rollin, 1319; de Farel, 1558. Contrat de mariage pour le chevalier de Soissons, 1699. Mariage de S. M. prussienne, 1708. (V. *Traités. Promesses. Mari. Mariés.*)

MARIE. Marie de Vergy, comtesse de Neuchâtel, 1394. Marie de Baux, princesse d'Orange, 1386. Son testament, 1416, 1417. Marie, fille unique de Charles duc de Bourgogne, son mariage, 1477. Marie de Châlons, son mariage, 1416; sa mort, 1460.

Marie de Savoie, son mariage, 1475, 1476; sa mort, 1512. Marie de Lorraine, son mariage, 1534; elle devient veuve, 1536; elle se remarie, 1537. Sa fille Marie décapitée, 1543. Elle demande le comté de Neuchâtel, 1551. Elle attaque à Paris Jacqueline de Rohan, 1551. Elle continue à plaider, 1553. Henri II la renvoie à Neuchâtel, 1553. L'ambassadeur de France paraît pour elle aux audiences, 1553; où elle est condamnée, 1553, 1560. Sa mort, 1560. Marie de Bourbon établie tutrice de ses enfants, 1573; vient à Neuchâtel, 1576. Elle envoie un député à Soleure, 1576. Elle députe à Chambéry, 1576. Elle achète Valangin; l'achat est révoqué, 1576. Elle retourne en France, 1576. Confirmation de sa curatelle, 1577. Sa mort et ses titres, 1601. Marie d'Orléans, duchesse de Nemours, sa naissance, 1625. Son mariage, 1657. Elle présente un placet au roi, 1663. Elle demande la curatelle de son frère, 1672. Elle envoie un mandement aux peuples, et écrit aux Cantons, 1673. Elle demande logement au château, 1673. Elle arrive à Morat, où plusieurs personnes des comtés vont la voir. Elle va à la Neuveville, 1673. Son départ 1673. Elle désire de voir son frère, 1675; ce que le roi lui permet, 1676. Elle obtient la curatelle de son frère, 1679. Elle vient à Neuchâtel 1680. Elle se plaint de ses conseillers au roi, 1681. On lui ôte la curatelle, 1682. Offres faites à cette princesse, 1682. Elle revient à Neuchâtel, 1694. Elle fait une donation au chevalier de Soissons, 1694. Son dessein; elle écrit au conseil d'Etat, 1694. Son avocat; elle produit des preuves de la mort de son frère, et demande la mise en possession, 1694. Elle proteste, 1694. Elle recourt au roi; sa promesse, 1699. Sa demande aux Trois Etats lui est refusée, 1694. Elle est citée à Berne, 1697. Sentence contre elle à Paris; son appel, 1697. Son départ de Paris, ses titres. Elle arrive à Neuchâtel, son départ; ordre qui lui est donné par le roi, 1699. Le roi lui envoie M. de Torcy, 1699. Elle est reléguée à Colommiers, 1699. Elle est libérée 1701. Elle vend ses seigneuries au roi, 1706. Sa mort, 1707. Ses obsèques faites à Cressier, 1707.

MARIÉS. Nouveaux mariés à Neuchâtel doivent huit pots de vin, 1453 art. 15. Aucun marié ne doit se séparer, 1550. Entronqué qui se marie, 1595.

MARIN ou MARENS. Sa dîme, 1225, 1263; vendue au chapitre, 1275, 1280, 1281.

MARIUS. Evêque d'Avenches, 581, 602.

MARMOUD. Quartier de Marmoud, exempté de dîmes, 1659.

MARQUES. Les juifs en devaient porter, 1406.

MARQUEURS. De mesure établis à Valangin, 1580.

MARQUISAT. De Rothelin, 1543.

MARRAINES. 1564, 1703.

MARS. Adoré par les Suisses, Tome I, page 8.

MARTEL. 1371. (V. *Ponts.*)

MARTIN. Evêque d'Avenches, 558.

MARTIN (St.). Village, les pâturages lui sont remis, 1547. Le temple et la tour rebâtis, 1684. Maison de cure, 1603.

MARTIGNY. En Valais, bâti, Tome I, page 17. An 407.

MARTINIÈRE (DE LA). Fondé de pouvoir de Mad. de Nemours, 1672.

MARTYRS. A Soleure, 287. Prétendus martyrs honorés, 1474. Martyrs en Suisse, 1277. A Constance, 1415.

MASQUES. Mommons, 1594.

MATERNEL. Bien maternel va aux parents maternels, 1642.

MATERNUS. Premier évêque de Cologne, 68.

MATHURIN. Cordier, régent d'école à Neuchâtel, 1545, 1551.

MATIGNON. Sa généalogie, 1573. Le comte vient à Neuchâtel, 1699. Il prétend à la souveraineté de Neuchâtel, 1707. Ses manifestes, 1699, 1707.

MATRIMONIALE. 1406, 1536, 1547, 1550. Matrimoniale de Neuchâtel peut seule juger des mariages du comté de Neuchâtel, 1550, 1564.

MAURICE. Chef de la légion de Thèbes, 287. St-Maurice en Valais bâti, 288. Séjour de Raoul, roi de Bourgogne, 892. Assemblée à St-Maurice, 895. L'abbaye de St-Maurice réparée, 1014. St-Maurice, intendant des monnaies en France, vient à Neuchâtel, 1711. St-Maurice. (V. *Landeron.*)

MAUSOLÉE. Bâti dans le temple de Neuchâtel, 1372.

MAXIME. Tyran, 380. Maxime, évêque de Vindonisse, 570.

MAXIMIN. Empereur, 235, 237.

MAXIMIEN. Empereur, 286, 304.

MAYOR. François Mayor. (V. *François*.)

MAZEL. (V. *Boucherie.*) Mazeliers, 1403.

MERCREDI. Origine de la superstition qu'on a à l'égard de ce jour, Tome I, page 9. Sermons du mercredi établis à Neuchâtel, 1550.

MÉDAILLES. Trouvées, 1366.

MÉDIRE. Des supérieurs, défendu, 1594.

MÉFAIRE. D'honneur prive une femme de son usufruit, 1593, 1658.

MEINRAD (St.). Hermite, est tué, 863.

MELCHIOR. D'Arberg, 1536. Melchior de Liechtenfels, évêque de Porrentruy, 1554. Sa mort, 1575.

MÉMOIRES. Mémoire de Madame de Longueville, 1674. Mémoires de Madame de Nemours, 1698, 1699. Mémoire du prince de Conti, 1699. Réponse à ce mémoire, 1699. Autres mémoires de ce prince, 1699, 1702, 1707. De l'ambassadeur de France, 1699. De Monsieur d'Hervart, 1699. Anonyme, 1699. Mémoires de S. M. prussienne, 1703, 1707. Des autres prétendants à la souveraineté de Neuchâtel, 1707. De M. Peyrol, 1707. De M. de Puisieulx, 1707. De M.

Kunckel, 1707. De M. de Stanian, 1707, 1708. Mémoire qui réfute les protestations de quelques prétendants, 1707. Deux mémoires imprimés, 1708. (V. *Manifeste.*)

MEMPHUS. Estimé premier baron de Neuchâtel, 805.

MENACES. De l'ambassadeur de France, 1699. Du roi Louis XIV, 1699.

MENAYDES. 1595. Abolis, 1595.

MENDIER. Ceux dont les enfants mendient sont exclus du cabaret, 1594.

MÉNÉTRIERS. Et tambours. Défendus pour conduire les épouses au temple, 1553.

MERCI. (V. *Crier.*)

MERCURE. Adoré par les Suisses, Tome I, page 9.

MÈRE. Un enfant qui meurt après sa mère, 1642. Le bien des enfants retourne aux pères et mères, 1532, 1547, 1574, 1661. Partage entre la mère et les enfants, comment il doit se faire, 1574. Mère et les enfants partagent par égale portion, 1614. Mère mixte impère, 1340, 1433, 1480.

MERZLINGEN. Cette dîme remise en fief, 1344, 1366, 1372, 1374.

MERVEILLEUX. 1529, 1625. Jean Merveilleux anobli, 1529. Origine de cette famille, 1503. Jean Merveilleux achète le fief Grand-Jacques, 1533. Sa mort, 1543. Le fief Merveilleux partagé, 1625, 1629. Jonas Merveilleux établit une rente pour un repas annuel, 1588, 1638.

MESSAGERS. 1373.

MESSE. 1542. Traité de la messe, 1551. Messe se peut dire au château de Neuchâtel, 1532. Défense d'y aller, 1553, 1576, 1618. En l'honneur de St-Nicolas, 1477.

MESSELLERIE. De Thielle, 1363. De Travers, 1413, 1430, 1618.

MESTRAL. Pierre Mestral, 1536.

MESURAGE. 1654 art. 2. Mesures des hôtes doivent être marquées, 1580, 1588.

MÉSUSÉ. De l'usufruit, 1593, 1658, 1659. Femme qui se méfait d'honneur est mésusée, 1658.

METZ. Farel s'y rend, 1542. Il y est persécuté, 1543.

METTERNICH. Ambassadeur de S. M. prussienne, arrive à Neuchâtel, 1707. Plein pouvoir qui lui fut donné. Ses qualités, les productions qu'il fait, 1707. Il prête serment aux sujets de la part de S. M. et assermente les sujets, 1707. Il donne un acte de confirmation de ses promesses, 1708. Son départ de Neuchâtel, 1709.

MEUBLES. Ustensiles, etc., 1642, 1658, 1670, 1672. Montes de meubles, 1676, 1683. Comment on en use des meubles à l'égard de l'usufruit, 1593. Ils doivent être inventarisés, 1593. Ce qu'on entend par les meubles, 1593, 1604, 1658, 1659, 1670. Usufruit sur les meubles, 1672. Ce qui n'est pas meuble, 1672. La moitié des meubles sont au survivant, 1583, 1612, 1701.

MEUNIERS. Ce qu'ils doivent au prince, 1453 art. 14.

MEURTRES. 504. Appréciés, 504, 1373. Meurtrier a son refuge, 1406.

MICAULT (St.). Envoyé en Suisse, 1673. Sa mort, 1673.

MIÉCOURT. Et Colonges échangés contre Lignières, 1624, 1625.

MIJOUX. Ce que les habitants de Mijoux doivent au comte, 1337. Combette de Mijoux, 1153, 1372.

MILAN. Pris par les Suisses, 540.

MILICE. Ordre envoyé au Locle pour ce fait, 1540.

MINÉRALES. Eaux de la Brévine, 1654. Source découverte, 1672. A Villiers au Val-de-Ruz, 1693.

MINES. D'argent du Brisgau données par l'empereur à l'évêque de Bâle, 1028. Mines de fer, 1682.

MINEUR. Ne peut cautionner, 1693. Il peut faire renonciation, 1693. Un hôte ne peut se faire payer d'un mineur que d'un seul écot, 1696. Mineurs ne peuvent se marier, 1550. Droit des mineurs, 1301.

MINISTRAUX. 1214 art. 29. L'origine du nombre de quatre, 1404, 1406, 1417. Les Quatre Ministraux amodient le comté, 1536, 1538. Rabais, 1536. Ils citent le gouverneur à Berne, 1548, 1617. Leur député à Berne; leur requête, 1617. Leur différend avec le seigneur de Colombier, 1557. Ils instent pour la réformation de quatre articles, 1565. Ils requièrent le prince Henri II de vouloir prêter serment, 1617. Leur requête à cet égard, 1617. Ils présentent quinze articles de plaintes dont ils demandent réparation, 1617. Appointement par Catherine de Gonzague, tutrice du prince, 1618. Ils paraissent par devant le prince, 1618. Ils demandent un délai, 1618. Réponse des bourgeois externes, 1618. Réplique. Sentence du prince, 1618. Demande des Quatre Ministraux, 1618. Protestation des Quatre Ministraux aux Etats de Valangin, 1664.

MINISTRES. Leur autorité, 1539. Premier ministre de Valangin, 1540. Ceux qui parlent contre les ministres, 1553. Immunités des ministres. (V. *Immunités.*) Leurs pensions. (V. *Gages.*) Leurs droits. (V. *Restitution.*) Ministres. (V. *Prédicant. Pasteur.*) Ministres déposés et excommuniés, 1539. Les ministres ne doivent pas épouser les paroissiennes d'un autre, 1536, 1550. Ils doivent annoncer purement la parole de Dieu, 1553. Ministres qui injurient, 1553. Ce que doivent faire les ministres et officiers lorsqu'il y a des difficultés pour des mariages, 1550. Ils peuvent ouir des témoins, 1550. Ministres de Motiers et de Travers, leurs gages établis, 1569. Le conseil d'Etat est juge du temporel des ministres, 1582. Les ministres doivent avoir du bois, 1594. Copie d'un règlement leur est accordée, 1594. Plaintes des ministres, 1594. Un ministre ne peut pas reprendre sa femme lorsqu'elle a commis adultère, 1601,

Ministres piétistes déposés, 1707, 1708. Ministres étrangers, serment qu'on leur faisait prêter, 1531. Ministre allemand établi à Neuchâtel, 1674. Ministres hongrois qui viennent à Neuchâtel, 1676. Ministre de camp, 1712. Troisième ministre établi à Neuchâtel, 1699. Ministre du mardi établi à Neuchâtel, 1709.

MIRACLE. Prétendu, 1530.

MISES. Mise d'un fonds par Simon de Neuchâtel, 1569. Anéantie, 1569. Mises en possession et investitures, 1214, 1373, 1396, 1457, 1543, 1551, 1574, 1601, 1602, 1610, 1618, 1666, 1704. Mise en possession, coutume de Neuchâtel à cet égard, 1672. Mise en possession accordée, 1672. Négligée prive de l'héritage, 1680. La manière de la demander, 1683, 1704. Mise en possession de Derrière-Moulin par le sautier de Neuchâtel, 1573. Mise en possession et investiture, 1574. Visite d'une mise, 1642.

MISSISSIPI. Compagnie du Mississipi, 1719. Trafic fait sur cette compagnie, 1719. Colonie de Neuchâtelois qui s'y rend, 1719.

MOBILIAIRES. On plaide pour les effets mobiliaires en France, 1701.

MODÉRATION. De dépens a trois révisions, 1671. Elle doit être notifiée, 1671, 1672. Date nécessaire en fait de modération, 1672. Combien on doit pour une modération, 1683. Copie est due, 1669.

MŒURS. Mandement pour les réformer, 1594, 1616.

MOINES. Abolis, 1530. Les bourgeois de Neuchâtel ne peuvent pas tester en faveur des moines blancs, 1214 art. 28.

MOIS. *Quintilis* et *Sextilis*, Tome I, pages 16 et 17.

MOISSONS. Avancées, 1329, 1719. Tardives, 1468, 1542, 1698. Moissons favorables, 1478, 1632. Fâcheuses, 1481, 1688. Humides, 1577.

MOITERESSE. Ne peut être partagée, 1603.

MOITIÉ. Du comté de Neuchâtel adjugée à Jacques de Savoie, 1552. Remise à Léonor d'Orléans, 1557. Seigneurs par moitié, 1558.

MOLLONDIN. (V. *Stavay.*) Etabli gouverneur de Neuchâtel, 1645. Sa mort, 1692. Mollondin établi gouverneur, 1699. Il prend son congé, 1707.

MOMMONS. Masques défendus, 1594.

MONASTÈRE. De St-Aubin, 1103. (V. *Couvent.*)

MONIN. Capitaine en France massacré pour la religion, 1572.

MONNAIE. Droit de battre monnaie à Zurich, 879. Accordé à l'évêque de Bâle, 1151. Ce droit vendu ou inféodé au comte de Neuchâtel, 1198, 1221. Redimé, 1223. Vendu à la ville de Bâle par son évêque, 1372. Monnaie battue par l'évêque de Bâle, 1270. Le comte de Neuchâtel la fait défendre, 1270. Sa valeur est changée, 1272. Différend au sujet du changement de valeur de la monnaie de Bâle, 1272. Mon-

naie de Lausanne introduite à Neuchâtel, 1272. Acte concernant la monnaie, 1272. Ce droit accordé à Jean de Châlons, 1291. Confirmé, 1292. Monnaie de Jean de Châlons rejetée, 1299. Monnaie battue par le comte de Neuchâtel contre les Bernois, 1336. Ce droit vendu au comte de Neuchâtel par l'empereur Charles IV, et confirmé, 1354, 1358. Conférence tenue à Zofingue, 1450. Diminution des monnaies, 1477. Règlement des monnaies, 1480, 1593. Mises à un même prix, 1482. Leur prix réglé, 1565, 1593, 1596, 1604. Trop faible, 1591. Faux monnayeurs, 1592, 1718. Journées à Payerne, 1592, 1593. Monnaies abaissées, 1620, 1622. Décriées, 1653. Monnaie battue à Neuchâtel, 1694, 1695, 1713. Conférence à Langenthal pour les monnaies, 1717. Maison de la monnaie vendue, 1710. Monnaie blanche, ou blanche monnaie, 1359, 1362, 1406. Petite monnaie, 1508, 1529. Monnaie faible, 1524. Sol fort, 1524. Sol esthevenant, 1524. Moutons d'or, 1361. Monnaie ronde, 1400.

MONTAGNES. De Valangin, leurs premiers habitants, 1303. Réformées, 1532. De Diesse. (V. *Diesse.*)

MONTBÉLIARD. Le comte rend hommage à celui de Bourgogne, 1044. Attaqué, 1152. Le comté donné à Guillemette de Neuchâtel, 1282. Assiégé, 1475. Ses comtes, 1260, 1278, 1347. Henri de Montfaucon, sa postérité, 1396. Henri de Wurtemberg fait prisonnier, 1474. Traité fait, 1516. Ulrich de Wurtemberg prend des seigneuries au comte de Neuchâtel, 1515. Traité fait pour ces seigneuries, 1516. Le fils du comte de Montbéliard va à Berne pour les affaires de Valangin, 1590. Le comte paraît à Berne devant le sénat, 1591. Compte fait à Neuchâtel, 1592. Raisons du comte au sujet de Valangin, 1592. Le comte de Montbéliard prétend à la souveraineté de Neuchâtel, 1707. Ses manifestes, 1707.

MONTBENOIT. 932, 1342.

MONTES. De la ville, 1565. De meubles, 1683, 1707.

MONTÉSILLON. 1037, 1342.

MONTET. (V. *Stavay.*)

MONTFAUCON. Jeanne de Montfaucon, 1325. Henri de Montfaucon, 1321, 1325, 1396.

MONTJOIE. Les barons de ce nom, leur généalogie, 1342. Jean de Montjoie s'allie avec l'évêque de Bâle et se ligue avec Jean de Fribourg, 1424. Didier de Montjoie épouse la fille de Jean XV, seigneur de Valangin, 1456. Etienne de Montjoie fait un traité, 1476, 1587. Le baron de Montjoie prétend à la souveraineté de Neuchâtel, 1707.

MONTMOLLIN. George de Montmollin, chancelier, va à Paris, 1673. Emer de Montmollin, chancelier, va à Utrecht, 1712.

MONTMOLLIN. Et Coffrane, 1704.

MONT PERRAUX. 1382.

MONT PUGIN. 1382.

MONUMENTS. A Fraubrunnen, 1373. A Grandson, à Morat, 1476. A Dorneck, 1499.

MORAT. Son château bâti, 815. Morat pris,
1033. S'allie avec Berne, 1332. Morat allié
au comté de Neuchâtel, 1406. Morat a une
garnison suisse, 1476. Bataille et monu-
ment, 1476. Morat remis par les cantons à
Berne et Fribourg, 1484. Farel, premier
pasteur de Morat, 1531. On s'y assemble
pour la religion, 1532.

MŒRINGEN. Dîme, 1310. Maison, 1626.

MORT. Mort, mariage et vendition rompt
toute amodiation, 1685. Saisit le vif, 1571.
Morts subites, 1322.

MORTALITÉ. 820, 942, 1043, 1058, 1078,
1098, 1121, 1128, 1150, 1202, 1209, 1313,
1314, 1380, 1432, 1434, 1439, 1477, 1520,
1542, 1610, 1623, 1628. Mortalité sur le
bétail, 1337, 1465, 1554, 1664, 1718.

MORTEAU. 1395.

MORTIER. Fait avec du vin, 1153, 1686.

MOTIERS. Motiers-Travers, son four, 1369.
Les droits de cette justice vendus, 1526.
Son consistoire seigneurial, 1538. Le gage
du ministre établi, 1569. Un marché accordé à Motiers, 1590. Opposition des Quatre Ministraux, 1590. Confirmation de ce
marché, 1623. Le prieuré de Motiers avait
un avoyer, 1301. Motiers ou Moutier-
Grandval, 768, 770, 849. Donné à Luitfried,
891. Allibéré, 956. Remis à l'évêque de
Bâle, 1000. Brûlé, 1499. Ses chanoines se
retirent à Delémont, 1531. Môtiers en Vuilly,
1350.

MOTTE (DE LA). De Valgrenant, seigneurie,
1370, 1378.

MOTTERON. Apothicaire, sa fin tragique,
1618.

MOUDON. Subjuguée par Berne et Fribourg.
Elle est rendue par la médiation du comte
Rollin, 1306.

MOULINS. Derrière-Moulin. (V. ce mot.) Moulin de Lignières, 1380. Moulins des Montagnes, 1480. Mouture, 1480. Moulins sur
le Doubs, 1565. Moulins bâtis au Locle,
1653. Moulin de Boudry, 1595. Combien
on doit pour moudre, 1454, art. 45. Censes
des moulins, 1547. Moulin de Serrière,
1278. Moulin aventurier à St-Sulpice, 1548.
Moulins défendus le dimanche, 1553.

MOUSQUETAIRES. Leur compagnie érigée à
Neuchâtel, 1506. Jardin acquis, 1523.

MOUTONS. D'or, monnaie, sa valeur, 1361.

MOYEN. 1406. Moyeneur, 1406.

MOYSON. Truites de Moyson, 1595.

MULLOT. Michel, ministre de St-Blaise, exilé,
1551.

MUMOLUS. Gouverneur et lieutenant général
de la Suisse, 570.

MUNATIUS. Plancus, premier gouverneur des
Gaules, Tome I, page 15.

MURIER. Planté à Neuchâtel à la place de
l'échafaud où fut décapité Vauthier, baron
de Rochefort, 1412. Renversé, 1663.

MUSSHAFEN. Pot de cuivre, qui contenait
seize seaux, vendu à Berne par les chanoines de Neuchâtel, 1528.

MUTINS. S'élèvent contre Farel, 1541. Recommencent, 1542. Mutins qui s'élèvent à
Valangin contre Marie de Bourbon, 1584.
Résolution de les ranger, 1584. Mutins des
petits cantons menacent Neuchâtel, 1477.

N

NAISSANCE. De princes de la maison de
Prusse, 1707, 1714, 1717. De princesses,
1709, 1710, 1712, 1713, 1714, 1716, 1720.
Naissance d'un fils de François d'Orléans,
1540; à Henri II, duc de Longueville, 1646,
1649.

NANCY. Prise, 1476. Assiégée par le duc
Charles, 1476.

NASSAU. Maison de Nassau, 1237. Nassau-
Orange, 1521, 1584, 1650. Son procès. (V.
Châlons. Succession.) René de Nassau, sa
mort, 1544. Philippe-Guillaume de Nassau,
1609. Maurice de Nassau, sa mort, 1625.
Emilie de Nassau, 1626. Henri de Nassau,
cité, 1639. Son testament, 1640. Frédéric-
Henri de Nassau, prince d'Orange, sa mort,
1647. Guillaume-Henri de Nassau, couronné
roi d'Angleterre, 1689. Nassau-Siegen, sa
généalogie, 1584. Ce prince se met au rang
des prétendants à Neuchâtel, 1707. Sa lettre,
1707.

NATURALISATION. 1709.

NATURE. Défauts de nature, fondement du
divorce, 1550.

NAUFRAGE. 1480.

NEIGE. Abondante, 824, 1111, 1128, 1157,
1278, 1295, 1317, 1325, 1372, 1376, 1428,
1439, 1442, 1465, 1491, 1473, 1490, 1503,
1532, 1541, 1546, 1551, 1563, 1564, 1565,
1568, 1571, 1586, 1593, 1594, 1597, 1598,
1614, 1622, 1631, 1644, 1662, 1664, 1665.
En mai, 1443, 1491. A la Pentecôte, 1508,
1569, 1658. En juin, 1420, 1698. En juillet,
1281. Neiges aux vendanges, 1673, 1712.

NEMOURS. Duc de Nemours, 1533, 1536. La
moitié du comté de Neuchâtel est adjugée
à Jacques de Savoie, duc de Nemours, 1552.
Procuration du duc de Nemours, 1557. (V.
Jacques de Savoie et *Marie d'Orléans*, duchesse de Nemours.)

NÉRON, Empereur, 54, 68.

NÉRONICA, NEREU ou NEUREUX. 54, 60.
Détruite, 380. Faubourg, 1249, 1260, 1315.
Démoli, 1340.

NERVA. Empereur, 96.

NEVEUX. Et nièces sont exclus de l'héritage, lorsqu'il y a oncles et tantes vivants,
1631, 1637, 1642. Neveux préférés aux on-

cles, 1644. Neveux héritent conjointement avec les oncles, 1655. Neveux, arrière-neveux, 1669.

NEUFBOURG ou NEUBOURG. 1036, 1349, 1379.

NEUCHATEL. A toujours été dans les limites de la Suisse, Tome I, page 1. Dans la contrée d'Avenches, page 7. Il subsistait du temps de César, page 9. Il s'appelait Noidenolex, page 9. Sa situation, page 10. Il est au nombre des villes brûlées par les Suisses, page 12. Il s'augmente des ruines de Neronica, 380. Son ancienne situation, 413. Neuchâtel, fief de Bourgogne, 1035. Devenu arrière-fief, 1035. Détaché de la contrée d'Avenches, 1035. Pris par Othon, comte de Champagne, 1033. Brûlé, 1034. Assiégé par l'empereur Conrad II qui lève le siége, 1033. Remis à Ulrich de Neuchâtel, 1034. Pourquoi Neuchâtel est appelé baronnie, 1034. Il devient un Etat particulier, 1035. Neuchâtel prend l'aigle pour ses armes, Il était peu considérable avant qu'il fut un comté, 1034. Soin qu'en ont eu les comtes, 1034. Neuchâtel rebâti après un incendie, 1036. Il est transformé en bourg, 1036. La baronnie de Neuchâtel confirmée par l'empereur à Ulrich, 1047. La baronnie changée en comté, 1118. Accroissement de ce comté, 1118. Son étendue, 1132. Neuchâtel assiégé, 1270. Uni avec Fribourg, 1290, 1693. Purifié de fief, 1439. Neuchâtel redemande des franchises, 1451. Refus du comte Jean de Fribourg, 1451. Neuchâtel réclame le secours de Berne, 1451. Le duc de Bourgogne passe par Neuchâtel, 1453. Neuchâtel insiste pour le recouvrement de ses franchises, 1453. Il députe à Lausanne et à Besançon, 1453. S'adresse à Berne, qui sentence, 1453. Neuchâtel jouit en France des mêmes priviléges que les autres Suisses, 1463. Neuchâtel saisi par les Suisses. 1512. Serments prêtés réciproquement, 1512, 1529. Ses revenus peu considérables, 1514. Il obtient la bourgeoisie de Berne, 1406. Il assiste Berne pour la conquête de l'Ergau, 1415. Mis sous la protection de Berne et de Soleure, 1459. Berne avertit Neuchâtel de se tenir prêt pour la guerre, 1469. Des troupes suisses arrivent à Neuchâtel, 1475. Un renfort de Sigismond d'Autriche, 1475. Mouvements à Neuchâtel contre le prieur de Motiers, 1475. Députés de Berne à Neuchâtel, 1475. Sentence, appel, 1475. Sentence confirmée, 1475. Garnison suisse à Neuchâtel, 1476. Philippe de Hochberg procure à Neuchâtel une pension de la France, 1476. Neuchâtel reconnu du corps helvétique, 1476. Neuchâtel privé du sel, 1477. Il est menacé, 1477. Berne y met une garnison, 1477. L'empereur se fait adjuger Neuchâtel, 1495. L'empereur offre Neuchâtel à vendre à LL. EE. de Berne, 1498. Neuchâtel assiste au traité fait pour la religion entre les cantons, 1531. Mairie de Neuchâtel accensée aux Quatre-Minis-

traux, 1538. Neuchâtel emprunte pour la princesse Jeanne, 1538. Il sollicite les deux princes Léonor d'Orléans et Jacques de Savoie à un accord, 1555. Neuchâtel s'adresse à Berne contre les princes, 1557. Neuchâtel eximé de l'empire, 1566. Le comté de Neuchâtel amodié aux Quatre-Ministraux, 1536, 1558, 1567, 1569. L'amodiation prend fin, 1581. Neuchâtel donne du secours à la Prévôté. 1581. Envoye des troupes à Genève, 1581, 1582. Alarme à Neuchâtel, 1587. Berne avertit Neuchâtel de se tenir prêt, 1588, 1611. Neuchâtel reconnu membre du corps helvétique, 1630. Neuchâtel ami des Suédois, 1634. Le comté de Neuchâtel offert à vendre par le duc de Guise aux Quatre-Ministraux, 1550. Neuchâtel compris dans l'alliance de la France, 1516. Comté de Neuchâtel offert à vendre, 1543. Donné par hypothèque. (V. *Hypothèque.*) Neuchâtel recommandé aux soins de la ville de Berne et pourquoi, 1567. Neuchâtel demande un gouverneur de sa religion, 1576. Les prétentions du marquis de Baden sur Neuchâtel, 1581. (V. *Brisgau.*) Evénement considérable arrivé à Neuchâtel, 1590. Procès entre Neuchâtel et Fenin, 1610. Le prince Henri II vient à Neuchâtel et la princesse sa mère aussi, 1617. Troupes de Neuchâtel à Berne, 1624. Prétendu accord pour Neuchâtel et Valangin, 1632. Régiment de Neuchâtel en France, 1644. Neuchâtel et Valangin allibérés de l'empire, 1647, 1653. Offre de princes italiens d'acheter Neuchâtel rejeté par le duc de Longueville, 1653. Madame la duchesse de Nemours demande Neuchâtel, 1672. Elle y vient, 1680, 1694, 1699. Arrivée des princes d'Orléans à Neuchâtel, 1639, 1668. Arrivée des prétendants, 1699, 1707. Incendie à Neuchâtel, 1714. Madame de Nemours accorde une somme à Neuchâtel, 1699. On y établit un troisième ministre, 1699. Traité fait pour Neuchâtel, 1704. Raisonnements faits à Neuchâtel, 1707. Neuchâtel annexé à la couronne de Prusse, 1707. Enseigne de Neuchâtel à Paris, 1694. Madame de Neuchâtel, femme du chevalier de Soissons. (V. *Chevalier.*) Mademoiselle de Neuchâtel, sa mort, 1711. Madame de Neuchâtel prétend à la souveraineté, 1707.

NEUCHATELOIS. Traités cruellement, 1273. Leurs victoires, 1295, 1535, 1536. Ils sont francs de péages en France, 1549.

NEUREUX. (V. *Neronica.* 1326.) Est brûlé par les Bernois, 1340. Retraite de ses habitants, 1340. Neureux se soumet au jugement de Girard, évêque de Lausanne, 1309.

NEUROL. Lac de Neurol ou Nugerol, 1249.

NEUVEVILLE. Origine de ses habitants, 1301. L'évêque de Bâle entreprend de la bâtir, 1311. Son commencement, 1312. Elle est achevée 1318. Girard, évêque de Bâle, lui donne des franchises, 1318. Sa description, 1318. LL. EE. de Berne en sont les protecteurs, 1318. L'évêque Jean lui donne des franchises, 1368, 1380. Neuveville réformée, 1530. Fait une combourgeoisie avec Cerlier, 1578. Secrétaire à la Neuveville, 1624. Renouvelle sa bourgeoisie avec Berne, 1633. Acte de renouvellement, 1633, 1703, 1704.

NICOLAS (St.). Chapelles à Neuchâtel à lui dédiées, 1482, 1512. Celle d'Auvernier, 1477. De Cortaillod, 1505. La compagnie des pêcheurs à Neuchâtel, 1373, 1482.

NICOLAS. De Galera, 1367. Nicolas de Diesbach, commandataire du prieuré de Grandson, 1515. Et coadjuteur de l'évêché de Bâle, 1519. Nicolas de Chaumont envoyé à Neuchâtel; il proteste contre la sentence des Trois-Etats, 1551. Il va à Berne pour se plaindre de la partialité des juges, 1551.

NIDAU. Ses comtes, 1034, 1222, 1248, 1261, 1267, 1301. Terres acquises par le comte de Nidau, 1323. Il se fait bourgeois de Bienne, 1350. Il prend le parti des Anglais, 1375. Il est tué devant Buren, 1375. L'évêque de Bâle se saisit de Nidau, 1375. Il le rend aux gendres du feu comte, 1375; qui le vendent à l'archiduc d'Autriche, 1375, lequel le remet à M. de Coucy, 1375. Berne et Soleure le reprennent, 1388.

NOBLES. 1035. Ils doivent les giettes, 1516, 1526. Non noble ne pouvait pas juger aux audiences pour un noble.

NOBLESSE. De la Suisse se soulève, 1184. Elle est fort nombreuse, 1191. Attaquée par les Suisses, 1260.

NOCES. 1533, 1616 art. 17.

NOËL. Ordre de célébrer cette fête, 1568. Cette fête abolie, 1583.

NOIDENOLEX. Tome I, page 9.

NOISES. En fait de mariage, 1550.

NOIX. 1340.

NOMINATION. Des pasteurs faite par les synodes, 1532. Par la Classe, 1546, 1569, 1657, 1665, 1670. (V. *Election. Provision.*)

NOMS. De la Suisse, Tome I, page 1. Noms qu'on ne doit pas imposer aux enfants, 1564. Noms des juges des Audiences tenues à Neuchâtel, 1469, 1478. (V. *Audiences.*) Noms des juges des Audiences de Valangin, 1432, 1456. Noms des juges des Trois-Etats, 1694, 1707.

NONCE. Du pape, traite pour les biens d'Eglise, 1531.

NONIUS GALLUS. Gouverneur des Gaules, Tome I, page 16.

NORD. Plusieurs sujets du pays vont dans les Etats du Nord, 1712.

NOTAIRES. Notaire impérial, 1403. Notaires étrangers ne peuvent pas recevoir des actes d'acquisitions, 1522. Emoluments des notaires réglés, 1522. Acte de notaire anéanti, 1569. Les notaires doivent prendre des témoins, 1537; servir en justice, 1537. (V. *Clercs.*) Ils doivent rapporter leurs relations, 1639. Signature du notaire suffit à un testament, 1659, 1704. Notaire créé à St-Aubin, 1564. Notaire séduit par Isabelle de Challant, 1566. Notaires de Valangin assermentés, 1575. Mandement qui leur est adressé, 1598. Notaires, 1588. Leur serment changé, 1617. Ce serment corrigé 1707. Défense aux notaires de recevoir certains actes d'aliénation, 1574. Notaire de Fribourg paraît par devant les Trois-Etats, 1694.

NOVALLES. 1174, 1371, 1373, 1480.

NOURRIS. On nommait ainsi les bâtards, 1369.

NOURRITURE. Et entretien d'un bâtard, 1691.

NOUVEAU. Règlement pour les formalités de justice, 1698, 1700.

NOUVEAUTÉS. En matière de religion trèsdangereuse, 1544.

NOYERS. Loi établie à Neuchâtel à l'égard des noyers, 1513. Noyers gelés, 1709.

NUCHTLAND. Pourquoi la Suisse fut ainsi nommée, Tome I, page 2. An 418.

NUITTONS. Peuples d'Allemagne viennent habiter en Suisse, 413, 420.

O

OBLIGATIONS. Sont prescrites dans trente ans, 1522. Prescription remise à dix ans, 1655. Obligation reconnue ne requiert point qu'on plaide, 1565. Comment on doit faire une poursuite, 1588. Obligation cédée hors du pays, comment on en use pour les dépens, 1628. Censes des obligations, 1670. Le terme des obligations était perpétuel, en payant l'intérêt, 1547. Les obligations dans les décrets vont devant les cédules, 1565. Obligation doit être confessée, 1634. Quel juge doit prononcer sur la validité d'une obligation, 1659. On ne peut pas juger contre, 1693. Obligation de faire serment, 1551. Obligations ne sont pas meubles en fait de partage, 1706.

OBLIGER. Une femme qui n'a point de tuteur peut s'obliger, 1685.

OBRECHT. Jurisconsulte, son imprimé et son sentiment, 1701.

OBSÈQUES. De Madame de Nemours à Cressier, 1707.

OBVENTIONS. 1406. Obventions remises à ceux du Locle, 1416. S'il est occis, occis soit, 1214 art. 29.

OCTAVE. Auguste, empereur, Tome I, page 16. Sa mort, an 14.

OCTODURUM. (Martigny.) Tome I, page 17.

OFFICES. De seigneurie, on n'en doit pas donner plusieurs à une même famille, 1593.

OFFICIAL. De Besançon, juge à l'égard de Neuchâtel, 1373. Il donne l'investiture du comté à Isabelle, 1373. Procédure tenue par devant lui, 1457, 1707. Sentence par lui rendue, et appel, 1457.

OFFICIERS. Sont les serviteurs du roi, 504. Officiers domestiques du comte sont exempts de lui prêter serment, 1214. Officiers doivent fréquenter les sermons, 1542. Officiers établis pour juger aux audiences, 1531. Officiers du prince peuvent juger, 1453 art. 17. Il leur est défendu de tenir taverne, 1553. Ils sont sujets aux impôts pour la guerre, 1585. Qui sont les officiers, 1585 art. 9. Officiers rétablis, 1682. Trois officiers établis par les affidés de S. M. prussienne, 1703. Officiers de guerre nommés par les maîtres bourgeois de Valangin confirmés, 1628. Officiers de Valangin assermentés, 1575. Valangin obtient d'avoir des officiers du lieu, 1625.

OHMGELD. Acquis des empereurs par les comtes, 1254. Vendu au Val-de-Travers, au Landeron, à Boudry, 1369. Ohmgeld engagé à ceux de Boudry, 1359, 1373. Quitté aux bourgeois de Valangin 1406. Les chanoines doivent l'ohmgeld, 1516. Ohmgeld, 1454 art. 41, 1537 art. 8, 1562, 1563.

OFFRANT. Vendre du bien au plus offrant pour payer le créancier, 1560.

OISEAUX. Qui se combattent, 1282. Oiseaux gentils, 1412. Volées de petits oiseaux, 1413, 1423. Oiseaux inconnus, 1488, 1570. Oiseaux qui périssent, 1491. Oiseaux qui ont des petits en septembre, 1622.

OISEUX. 1542, 1553.

OLIVIER. De Hochberg, 1543. Olivier de Diesse, 1569, 1577, 1580, 1587. Ses descendants, ses armes, 1580.

OLOGRAPHE. Testament olographe est valable, 1706. Le sceau n'y est pas requis ni les autres formalités, 1706.

OLTEN. 1265, 1365. Engagé par l'évêque de Bâle, 1377.

OLTINGEN. Seigneurie, 1410.

OMER. Premier abbé de St-Gall, 760.

ONCLES. Les neveux leur sont préférés, 1644. Oncles préférés aux cousins germains en fait d'héritage, 1691, 1706. Oncles préférés aux neveux en fait d'héritage, 1637.

OPPOSITION. De la princesse à la vendition de Travers, 1586. Opposition au serment, quand elle se doit faire, 1693. Opposition qu'on apporte à la ville de Henripolis, 1628.

OR et ARGENT. Sur table, 1682, 1683. Règlement pour les ouvrages d'or et d'argent, 1688, 1704. Or et argent ne sont pas meubles en fait de partage, 1618, 1642, 1706.

ORAGES. Violents, 1150, 1157, 1195, 1254, 1335, 1546, 1607, 1630, 1665.

ORANGE. Princes d'Orange, 1386. Leurs armes, 1393. Ceux qui ont possédé cette souveraineté, 1393, 1416. Reconnus souverains, 1436. Un parlement est établi à Orange, 1470. Cette principauté vendue à Jean de Châlons V, 1482, 1493. A Phili-

bert de Châlons, 1529, 1532, 1543. Orange brûlé, 1563, 1565. Prince d'Orange cité par le duc d'Albe, 1568. Réintégré, 1570, 1571, 1574, 1576, 1580, 1598, 1618, 1647, 1660, 1673, 1682, 1688, 1695, 1702. Orange-Nassau, 1521. (V. Nassau.) Cession de cette principauté, 1707, 1711.

ORBE. Tome I, page 12. Bataille, an 867. Trois rois y tiennent une conférence, 879. Remis à Guillaume, frère de Renaud, comte de Bourgogne, 1153, 1267. Seigneur d'Orbe, 1284. Transporté à la maison de Montfaucon, 1356. (V. 1392, 1396, 1412.) Orbe pris, 1475. Et remis à Berne et Fribourg, 1484.

ORDONNANCES. Faites par Marie de Bourbon, 1593. Les bourgeois peuvent faire des ordonnances, 1454 article 34. (V. Statuts.) Ordonnances concernant la justice extraordinaire, 1552. Ecclésiastiques faites à Neuchâtel, 1530, 1538. A Valangin, 1564. (V. Constitutions.) Faites à Valangin, 1565, 1573. Ordonnances militaires, 1476.

ORDRE. Ecclésiastique, pratique, 1543. Ordre des églises, 1551. Ne doit être troublé, 1553. Ordre envoyé au Locle pour la milice, 1548. Du roi Louis XIV aux prétendants français de partir, 1699. Ordre donné par le roi à Madame de Nemours, 1699.

ORGÉTORIX. Tome I, page 5 et 12.

ORIGINE. Des rois de Prusse, 1707.

ORLÉANS. Bâti, 275.

ORTLIEB. Evêque de Bâle, 1146, 1151, 1167.

ORVALES. Aux vignes, 1642.

OSWALD. Toss de Zug, baillif de Neuchâtel, 1522.

OTAGE. Pris par les Suédois, 1637, 1645. Otages, procès et accessoires, 1570. Otages donnés à des mutins des cantons, 1477.

OTHENIN. Le-Bel, obtient la succession du fief de Savagnier, 1349, 1350.

OTHMAR. Disciple de St-Gall, 640.

OTHON. Empereur, 69. Othon, évêque de Bâle, 806, 822, 836. Othon, comte de Champagne, 995. Othon, fils d'Othon, comte de Champagne, attaque Raoul, roi de Bourgogne, 1025. Il fait une irruption dans les états de l'empereur, 1033. Il s'empare de Neuchâtel, Payerne et Morat, 1033. Il rend hommage à Conrad, 1034. Othon, palatin de Bourgogne et baillif de Glaris, 1168. Othon, comte de Strasberg, 1210, 1312. De Grandson, évêque de Bâle, 1306. Baron de Grandson, 1376. Othon de Neuchâtel, prévôt de Soleure, 1251. Othon, premier abbé de Fontaine-André, 1140. Othon de Champvent, 1313. De Vaumarcus, châtelain de Neuchâtel, lieutenant du comté, premier gouverneur, 1347, 1351.

OTTE. Guillaume, comte de Bourgogne, 1001, 1019.

OURS. De Berne, 1188, 1477.

OUTRAGES. Contre les pasteurs défendus, 1542.

OUVRIERS. 1465.

P

PAGANISME. Aboli en Suisse, 775.

PAILLARDISE. Ceux qui ont commis ce péché par ensemble peuvent s'épouser, 1550. Quelle est la .punition de la paillardise, 1553, 1570, 1594, 1616, 1630.

PAIN. Extraordinaire, 1514. Taxe du pain à Valangin, 1573, 1580, 1588. '

PAIRS. De cour, 1225, 1356. (V. *Cour*.) Pairs de cour de Valangin, 1615.

PAISSION. 1340, 1398, 1525, 1563.

PAIX. Faite entre Lausanne et Payerne, 1284. Entre le comte de Neuchâtel et le seigneur de Valangin, 1302. Entre l'évêque de Bâle et le comte de Neuchâtel, 1326. Entre Berne et Fribourg, 1341. Paix faite par LL. EE. de Berne au sujet des désordres arrivés à Valangin, 1531. Cette paix violée 1531. Paix entre les cantons, 1531. (V. *Traité*, 1656, 1697, 1712.) La paix doit régner dans les familles, 1594. Projet de paix, 1712.

PALATIN. De Bourgogne, 1168, 1184.

PALLAS. Adorée en Suisse, Tome I, page 8.

PANDECTES. Etablies, 526.

PANTALUS. Premier évêque des Rauraques, 238.

PAPE. Accorde une bulle à Savagnier, 1516. Sentence du pape à l'égard de Cortaillod, 1521. La manière de recevoir le pape, 816. Le roi Louis lui baise les pieds, 814. Les papes changent de nom, 844. Pape vient à Berne, 1418. Il donne des absolutions, 1418. Pape déposé; ses crimes, 1440. Nouveau pape, 1440. Il doit avoir les deux tiers des suffrages, 1440. Dons faits au pape, 1440. Supplication adressée au pape, 1506. Le pape Urbain III demande à acheter Neuchâtel, 1630.

PAPIERS. Se lisent en justice sans émoluments, 1683.

PAQUIERS. Et graviers sont au prince, 1453 art. 12. Pâquiers accordés aux bourgeois de Neuchâtel, 1537, 1562. A Auvernier, 1510.

PARACOLUS. Premier évêque de Genève, 199.

PARAGE. 1495.

PARATOIRES. Des églises, 1433.

PARC. De l'hôpital, 1349.

PARDON. Des péchés acheté pour un cheval, 1518.

PAREATIS. 1682, 1698.

PARENT. (V. *Degré*.) Un conseiller et secrétaire d'état non parents peuvent juger et écrire aux causes du prince, 1569. Parents peuvent choisir un tuteur, 1581, 1629. Témoins non parents, 1662, 1668, 1686. Parents de Henri II, duc de Longueville, 1663. Parents ne doivent pas posséder plusieurs offices, 1593. Parents peuvent être témoins lorsqu'il s'agit de mariage, 1691. Parents qu'on exhérède doivent être nom-

més, 1664, 1705. Pour juger de l'honneur il faut être au cinquième degré, 1667. Demande formée en matrimoniale doit être notifiée aux parents, 1691.

PARENTAGE. D'un juge, 1693. (V. *Degré*.) En quel degré de parentage on peut juger, 1532, 1580. Degrés défendus pour le mariage, 1536, 1539, 1560. Opposition des parents à un mariage, 1550.

PARHÉLIES. 1157, 1604, 1620, 1627, 1712, 1713, 1714.

PARJURE. 504 art. 19.

PARLIER. Doit être accordé en justice, 1558.

PARLER. Sans parler est puni, 1565.

PAROISSE. De la Chaux-de-Fonds délimitée, 1550. Chacun doit communier dans sa paroisse, 1564. Paroisses des Montagnes délimitées, 1685. Paroisses et mairies ont la même étendue, 1685.

PAROISSIEN. Chaque pasteur doit marier les siens, 1550. Les enfants baptisés dans leur paroisse, 1553. Les épousailles doivent se faire dans la paroisse, 1553. Exemptions accordées aux paroissiens de la Chaux-de-Fonds, 1560. Paroissiens de St-Aubin reçus bourgeois de Berne, 1561.

PAROLE. De Dieu est la seule règle, 1564. Paroles illicites, 1542. Exécrables, 1594. Illicites comment punies, 1553, 1569. (V. *Démenti*.)

PARRAINS. Quels ils doivent être, 1564, 1703. Leur nombre, 1616.

PARTAGES. Un testament ne peut pas y contrevenir, 1547. Partage entre la mère et ses enfants, 1549, 1574, 1622, 1658, 1664. Les filles peuvent être réadmises en partage par le père, 1559. Partages faits par le sort, 1671. Partages faits dès vingt ans doivent subsister, 1686. Double portion, 1689. Partage est égal entre la mère et les enfants, 1604. Partages, 504. De royaumes, 842, 843, 1181. Entre les comtes de Neuchâtel, 1236, 1248, 1270, 1286, 1543. Acte de partage, 1543. Entre les seigneurs de Valangin, 1492. Entre les fils de Lancelot, 1563, 1564, 1568, 1626. Crainte d'un partage du comté; traité qui en parle; dessein de le partager; sentence des Trois-Etats, 1557. (V. *Indivisible*.) Partager une moiteresse n'est pas permis, 1603.

PARTIS. A Neuchâtel, 1673, 1699, 1707.

PARTISANS. De Madame de Nemours, leurs raisons, 1699. Partisans de M. le prince de Conti, 1699.

PARTIES. Paraissent à Berne, 1557. Consentement à un arbitrage, 1557. Partie pour une autre partie ne peut être gagée ni retenue, 1406. Leur journée, 1622.

PASCAL. Evêque de Lausanne, 817.

PASSEMENT. 1693. Passement contumace, 1532, 1553. Le gouverneur ne peut pas

Thielle, 1517, 1601, 1654. Dans la Serrière, 1526, 1678. Du Doubs, 1408. De Boudry, 1595.

PÊCHEUR. Leur compagnie érigée, 1482.

PESEUX. Son chapelain, 1511. Son temple bâti, 1535. Se réforme, 1536. Se joint à Serrières, 1535. La tour bâtie, 1550. Les bourgeois renoncés, 1618.

PESTE. En Suisse, 77, 171, 250, 255, 261, 590, 725, 729, 745, 983, 1007, 1010, 1027, 1046, 1062, 1068, 1094, 1125, 1147, 1181, 1213, 1315, 1318, 1337. Peste extraordinaire, 859, 1346, 1348, 1358, 1359, 1400, 1408, 1427, 1429, 1439, 1445, 1450, 1452, 1461, 1463, 1475, 1476, 1481, 1482, 1483, 1485, 1494, 1500, 1502, 1504, 1518, 1519, 1528, 1531, 1539, 1541, 1546, 1547, 1550, 1551, 1563, 1564, 1565, 1570, 1575, 1576, 1577, 1582, 1587, 1593, 1594, 1595, 1599, 1608, 1609, 1611, 1612, 1629, 1630, 1635, 1636, 1638, 1639, 1667, 1668, 1715, 1720.

PETREMAND. De Vaumarcus, son mariage, 1392.

PEULX. Bois de la ville de Neuchâtel, 1537.

PEUPLE. En rumeur, 1586.

PEUR. Dans les comtés, 1621, 1673. (Voyez *Alarme*.)

PFENNING. Monnaie, sa valeur, 1484.

PHARAMOND. Premier roi de France, 420.

PHÉNOMÈNES. 1538, 1560, 1621, 1676, 1716, 1719.

PHILIBERT. De Challant, 1500, 1502. Philibert de Châlons, son testament, 1520. Son codicile, 1521. (V. *Châlons*.) Il est fait prisonnier, 1523. Trois cantons instent pour son élargissement, 1524. Il est mis en liberté, 1526. Sa mort, 1530. Son testament ouvert, 1530. Philibert de Chauvirey, 1512.

PHILIBERTE. Veuve de Jean de Châlons V, envoye des députés à Berne au sujet de Neuchâtel, 1527. Son testament, sa mort, 1578.

PHILIPPE. Empereur, 244, 251. Philippe, duc de Bourgogne, sa mort, 1404. Le-Hardi, duc de Bourgogne, 1454. Sa mort, 1467. Philippe de Hochberg, sa naissance, 1452. Il commande dans Dinant, 1466. Il va devant Liège, 1468. Il est envoyé en Alsace, 1469. Son mariage, 1475, 1476. Il est privé de ses seigneuries de Bourgogne, 1477. Il est créé maréchal et gouverneur, 1481. Son traité de mariage confirmé, 1482. Il est privé de diverses dignités, 1483. Il tombe dans la disgrace des voisins de Neuchâtel, 1486. Il renouvelle ses alliances, 1486. Il fait un traité avec Christophe de Baden, 1490. L'empereur le confirme, 1490. Il succède à son père Rodolphe, 1487. Son séjour, ses voyages, ses terres, ses dignités, 1487. Il prête serment à ses sujets, 1487. Il conduit des troupes en France, 1495. Il est ami de la France, 1499. Il fait mainmise sur la seigneurie de Valangin, 1499. Lucerne donne des troupes à Philibert, 1501. Il meurt à Montpellier, 1503. Phili-

bert de Gondolzheim, évêque de Bâle, sa mort, 1553.

PIC. 1408.

PICOTIN. D'huile, 1340.

PIEDS. Moyens, seize pour une perche, 1480.

PIERRABOT. Un fief, 1422. Présentement un pâturage, 1422.

PIERRE. Comte de Savoie, va en Angleterre, 1260. Il retourne en Suisse, va en Allemagne; son habit singulier, 1260. Il subjugue le pays de Vaud, 1259. Le comte de Neuchâtel et d'autres lui rendent hommage, 1260. Pierre, comte d'Arberg, pille ses alliés, 1339. Il vend son comté, 1351. (V. *Arberg*.) Pierre d'Asnens, 1263. Pierre Reich, évêque de Bâle, 1285, 1298. Pierre d'Asphalt, du Tyrol, évêque de Bâle, 1298, 1306. Pierre de Vaumarcus, 1310. Pierre d'Oron, évêque de Lausanne, 1313, 1324. Pierre Dunillacq, gentilhomme gascon, 1383. Pierre de Joignes, prétendu gouverneur de Neuchâtel, 1457. Pierre Duval, juge auditeur nommé par le pape, sa sentence, 1459. Pierre de Hagenbach, gouverneur d'Alsace, du Brisgau, etc., 1469. Pierre Chambrier, 1536. Pierre de l'Eglise, curé de Cressier, condamné à faire réparation à Farel, 1555. Pierre de la Haye, 1558. Pierre de Montenach, évêque de Fribourg, 1689, 1710. Pierre de Hagenbach, son procès; il est dégradé de sa noblesse et décapité, 1474. Pierre jetée, 1214 art. 3, 1454 art. 3, 1562, 1569. Pierre-Pertuis, 165, 304, 1391.

PILATE. Sa mort, 40.

PITIÉ. Chapelle de Notre-Dame-de-Pitié à Colombier, 1488; à Neuchâtel, 1512.

PLAID. Heure du plaid, 1683. Plaid de Valangin, 1570, 1573, 1721. Changé à Valangin, 1713. Plaid général, 1595. Plaid de mai et d'automne, 1303, 1372, 1595. Plaid général des hommes royaux, 1303. Plaid d'Auston, 1398. Plaid de St-Maurice, 1403, ses rentes, ibid.

PLAIDER. À l'extraordinaire, 1553. Le temps du plaid, 1565. On ne doit pas plaider pour une obligation reconnue, 1565. On ne doit plaider qu'avant dîner, 1565. On plaide à Paris pendant l'interrègne, 1694. Préparatifs pour plaider, 1707.

PLAIDOYER. Entre Louis de Châlons et Rodolphe de Hochberg, 1457, 1458. Sentence de l'official de Besançon, appel, 1457.

PLAIE. Faite au visage, 504 art. 15.

PLAINTES. Des ministres, 1594. Des Quatre Ministraux contre le prince, 1617. Contre les bourgeois externes, 1617. Des bourgeois de Valangin contre les receveurs, 1673. De Madame de Nemours, 1681. Plaintes contre Madame de Nemours elle-même, 1681. Plaintes des bourgeois externes contre les internes, 1599, 1618. (V. *Bourgeois externes*.) Du comte Louis contre Pierre d'Estavayer, 1356. Plaintes des communiers du Locle, 1670. Plaintes faites à Baden contre le comte d'Avy, 1572. Plainte du comte de Bourgogne, 1575.

serment, 1647.. La Prévôté renouvelle sa bourgeoisie avec Berne, 1613, 1706. Prévôté de St-Imier appartient au prince, 1610.

PRIÈRE. On doit s'y adonner soir et matin, avant et après le repas, 1594.

PRIEURÉ. De Môtiers, 1301. Accensé, 1538. Vendu, 1539. Réserve de rachat perpétuel, 1558, 1585. Prieuré de Corcelles brûlé, 1406. Son fondateur, 1536, 1538, 1550.

PRIEURS. De Môtiers, 1213, 1301, 1367, 1413, 1454, 1475. Ils étaient collateurs des chapelles de Buttes et de St-Sulpice, 1503, 1530. Prieurs de Corcelles, 1340. De l'ordre de St-Benoît, 1340, 1530.

PRINCES. Princes faits prisonniers de guerre, 1514, 1535. Deux princes établis conjointement, 1552. Les princes d'Orléans viennent à Neuchâtel, 1668.

PRINCIPAUTÉ. De Neuchâtel, sa situation, Tome I, page 1 et suiv. Principautés indivisibles, 1156.

PRINTEMPS. Froid, 1491, 1592. Déréglé, 1508, 1601.

PRISE. Prise Besancenet, 1382.

PRISONS. 1680. Où et qui on peut mettre en prison, 1214 art. 5, 1536, 1707. Bourgeois de Neuchâtel qui est condamné à la prison protégé par les Quatre Ministraux, 1688.

PRISONNIERS. Saisis à Neuchâtel dans des maisons bourgeoises relâchés, 1486. Promesse faite aux bourgeois, 1486. Prisonniers doivent être visités, 1564, 1566.

PRIVILÉGES. Donnés aux Suisses, 806, 828. Des Suisses en France, 1470. Confirmés, 1516, 1549, 1565, 1582, 1594, 1618.

PRIX. Fort bas des denrées, 1353, 1368, 1418, 1426, 1445, 1449, 1452, 1464, 1473, 1475, 1514. Prix, jeu du prix, 1553. Prix des censes foncières, 1522. Chevaux à bas prix, 1476. De l'amodiation du comté de Neuchâtel, 1558. Des monnaies réglé, 1565, 1593.

PROCÉDURE. Le greffier en doit retenir un double, 1553. (V. *Remaises.*) Procédure doit être produite aux Audiences, 1553. Expédiée et sans recours, 1672.

PROCÈS. 1594. (V. *Cause.*) Procès éteints, 504 art. 23. Procès intenté à Grenoble, 1530, 1532, 1538. Procès entre Béat-Jacob de Neuchâtel et Anne sa cousine, 1609, 1610. Entre Neuchâtel et Fenin pour des pâturages, 1610.

PROCESSIONS. Pour obtenir la pluie, 1479, 1530.

PROCLAMATION. Des Audiences à Valangin, 1560. D'un homme qui a déserté le mariage, 1691.

PROCURATION. Du duc de Nemours, 1557. Procuration donnée à François de Martines, 1542, 1547. Procuration donnée par François d'Orléans, 1543. Par Marie de Bourbon, 1576. Procuration donnée à Claude Collier, 1542.

PROCUREUR. Ou messager qu'on envoye pour poursuivre, ses journées, 1622. Procureur ou charge-ayant doit être cité, 1671. Doit déposer, 1689.

PRODIGALITÉ. Défendue, 1616.

PRODIGES. Dans les airs, 480, 1020, 1313, 1400, 1590.

PRODUCTIONS. De la ville de Neuchâtel contre le comte, 1453. Productions des prétendants à la souveraineté, 1707.

PROLAIS. Lieu de la marche, 1516.

PROMESSES. De comparaître en jugement non exécutée, 1244 art. 4: Promesse de Berne de fidèlement défendre et maintenir Neuchâtel, 1406. De la ville de Neuchâtel à LL. EE., 1406. Du prince de maintenir les franchises des bourgeois, 1454 art. 57. Promesses du prince aux sujets de Valangin, 1618. Qui regardent la religion et la bannière, 1658. Faites aux Quatre Ministraux à l'égard du serment du gouverneur, 1628. Promesses des prétendants, 1707. Promesses de mariage, 1672. Comment elles se doivent faire, 1564. Raisons qui peuvent les anéantir, 1564. Une fille n'y peut pas renoncer, ni à ses biens sans son époux, mais elle peut tester, 1547. Promesse niée, 1550.

PRONONCIATIONS. De LL. EE. de Berne, 1475, 1532, 1576. Rejetées, 1576, 1580. Prononciation de Louis, baron de Vaud, 1344. Entre le comte de Neuchâtel, et le baron de Grandson, 1350. Au sujet de Vaumarcus, 1367. Au sujet du comté de Neuchâtel, 1557, 1576, 1584. (V. *Sentence.*) Prononciation peut être revue trois fois, 1598. Elle doit être éclaircie par les arbitres, 1691, 1693.

PROFANATEURS. Du dimanche, 1542.

PRONE. De l'Eglise, 1691.

PROPOSITIONS. Des Quatre Ministraux au prince; du maître-bourgeois de Neuchâtel au conseil de ville, 1618. Du prince aux Quatre Ministraux, 1618.

PROPRIÉTÉ. Quand on doit la demander, 1643. Propriété, 1560, 1588. Propriété s'acquiert par une possession immémoriale, 1547, 1580.

PROTECTION. Accordée au comte de Valangin par les Bernois, 1475. Aux bourgeois forains de Valangin, 1476. Du duc de Savoie sur Berne, 1265. Sur Fribourg, 1449. De l'évêque de Lausanne sur Neuchâtel, 1309. De Bienne sur le chapitre de Saint-Imier, 1329. De Berne et Soleure sur Bellelay, 1415.

PROTESTATIONS. 1530, 1532. Proteste d'un appel, 1547, 1551. Protestation du procureur général pour Valangin, 1571. Des Quatre Ministraux à Valangin, 1610, 1664. Des Quatre Ministraux contre les bourgeois forains, 1610. Contre le prince, 1618. Des députés de Fribourg et de Soleure, 1694. De Messieurs de Valangin et de Matignon, 1707. De l'avocat du prince de Carignan,

1707. De la ville du Landeron, 1707. A Utrecht, 1713.

PROTESTES. Comment elles doivent être faites et ce qu'on doit donner, 1588. Proteste d'appel doit s'exécuter dans six jours, 1666. Proteste admise, 1618. Proteste du baron de Gorgier, 1627. Proteste faite par les bourgeois de Valangin, 1589. Des Quatre Ministraux au sujet du serment du gouverneur, 1628. Promesse à eux faite à ce sujet, 1628. Proteste requiert une citation, 1675.

PROTHASIUS. Evêque d'Avenches abolit l'arianisme en Suisse, 500. Sa mort, 531.

PROVENCE. Contestation au sujet de la province de Provence, 505. Provence, village, 1248. Une partie adjugée au comte de Neuchâtel, 1334, 1336, 1340, 1359. Particule de Provence, 1367. Donnée à Girard de Neuchâtel, 1376.

PROVISION. Des offices, comment elle se doit faire, 1593. (V. *Election. Nomination.*)

PROXIMITÉ. Le droit de proximité ne doit pas être vendu, 1560. (V. *Droit.*)

PRUSSE. 1237, 1351, 1417, 1707, 1713. Origine des rois de Prusse, 1707.

PUBLICATION. Des annonces, 1550, 1564. De choses civiles, 1564. Des mandements, 1617.

PUNITION. De ceux qui étaient allés en France, 1578. Punition des divorciés qui se remarient sans permission, 1550.

PUPIEN. Empereur, 237. Sa mort, 238.

PUPILES. Sont remis dans leurs droits, 1547. Le tuteur ne peut pas les déshériter, 1547.

PUYSIEULX. Ambassadeur de France, 1699. Ses lettres, 1699.

Q

QUARANTE. Origine des Quarante hommes choisis dans la bourgeoisie de Neuchâtel, 1529. Leurs droits, 1522. Ils obtiennent de pouvoir juger en renfort. Leur accord avec le conseil des Vingt-quatre. (V. *Conseil de ville.*)

QUARTE. Episcopale, 510, 1395.

QUARTERON. 1403, 1595.

QUARTIER. De fromage, 1358.

QUATRE. Quatre hommes établis par le comte Conrad pour gouverner le comté de Neuchâtel en son absence, 1404.

QUATRE MINISTRAUX. Origine des quatre maîtres-bourgeois appelés Quatre Ministraux, 1404.

QUESTIONS. Faites par la princesse, et les réponses, 1664.

QUILLES. Jeu défendu, 1353.

QUINTAL. L'éminage qu'on nomme quintal, 1214 art. 9, 1454 art. 9.

QUINTILLUS. Empereur, 271.

QUINTINISTES. Faction des Quintinistes, 1544.

QUITTANCE. De biens, 1634, 1703.

R

RACHATS et RÉACHATS. Tous perpétuels, 1560, 1580, 1655. Rachat perpétuel pour le débiteur est établi, 1547, 1588. Pour l'abbaye de Fontaine-André et le Prieuré de Môtiers, 1558. (V. *Rétraction. Réemption.*)

RACLAGE. 1421.

RACLE. 1654 art. 4, 1707.

RADULPHE. Comte de Bourgogne, 895, 936.

RAISINS. Ceux qui les dérobent, 1547, 1565.

RAISONS. Péremptoires, 1691. Raisons qu'alléguaient les partisans de Madame de Nemours, 1699. Celles des affidés de M. le prince de Conti, 1699. Raisons qui portèrent plusieurs puissances à se mêler des affaires de Neuchâtel, 1707.

RAISONNEMENTS. Faits à Neuchâtel, 1707.

RAMENER. Une même chose deux fois par devant les audiences n'est pas permis, 1559.

RAOUL. Raoul I ou Rodolphe, roi de Bourgogne, 888. Il s'oppose à l'empereur Arnoud, 888. Il érige son comté en royaume, 888. Il fait un traité, 888. Il fait des dons à l'évêque de Lausanne, 888. Il va à Lausanne pour y établir un évêque, 892. Sa mort, 911. Raoul II, roi de Bourgogne, 911. Ses guerres, 917, 920. Il subjugue l'Italie et y est couronné, 920. Il revient en Suisse, 924, 926. Il cède l'Italie pour le royaume d'Arles, 927. Il devient vassal de l'empereur, 935. Sa mort, 936. Raoul III, roi de Bourgogne, surnommé le fainéant, 990. Il est couronné à Lausanne, 990. Il devient roi d'Arles, 998. Il remet le royaume de Bourgogne à l'empereur, 1029. Sa mort, 1034. Raoul ou Rodolphe de Habsbourg ennemi des comtes de Neuchâtel, 1254. Sa cruauté à l'égard des Neuchâtelois, 1273. Il est élu empereur, 1273. Ses terres en Suisse, 1274. Il remédie aux désordres qu'il y avait en Suisse, 1275. Il assiège Berne, 1288. Il somme le comte de Neuchâtel de rendre hommage, 1288. Il remet Neuchâtel à Jean de Châlons, 1288. Sa mort, 1291. Raoul I ou Rodolphe, comte de Neuchâtel, 1070, 1099. Raoul II ou Rodolphe, 1132. Sa mort, 1164. Partage entre ses enfants, 1164. Raoul III ou Rodolphe, comte de Neuchâtel, 1209, 1213. Raoul IV ou Rodolphe, 1260. Il fait la guerre, 1261. Sa mort, 1270. Raoul V ou Rodolphe nommé Rollin, 1286. Il se soumet au jugement de l'évêque de Lausanne, 1288, 1309. Il rend hommage à Jean de Châlons, 1311. (V. *Rollin. Rodolphe.*)

RAPPELS. 1382.

RAPPORTS. Rapport de témoins une fois recouru, ne peut plus être revu, 1569. Qui peut recourir ce rapport, 1666. Rapports ou revenus des bien-fonds, comment on en use en fait de partage, 1612.

RAVINES. 1642, 1644.

RAURAQUES. Tome I, page 5. Colonie envoyée dans ce pays par les Romains, ibid., page 12. Ce pays ruiné par les Allemands, 290. Repeuplé, 308. Ses évêques, 407.

RAURICA. Rebâtie et nommée Augusta Rauracorum, Tome I, page 16.

RAYES. 1408.

RAYMOND. De Rue, administrateur de l'évêché de Lausanne, 1466.

RAZES. 1403, 1406, 1445, 1525, 1554, 1595.

RÉCÉPISSÉ. 1610. Donné par LL. EE. de Berne, 1553.

RÉCEPTION. De bourgeois de Neuchâtel, 1635. Réception du prince à Berne, 1561.

RECÈS. Ou *Abschied*, 1530, 1576. (V. *Départ.*)

RECETTE. De reliquats abolie, 1709.

RECEVEURS. Leurs droits sur les censes des fours et moulins, 1547. Astriction des receveurs, 1618 art. 1, 1654. Premier receveur de Bevaix, 1531. Autres receveurs établis, 1531, 1537. Ordonnance faite à leur égard, 1593. Plaintes contre eux doivent être reçues, 1593, 1654. Quinzième denier quitté aux receveurs, 1593. Leurs comptes, 1593. Les recettes données pour cinq ans, 1593. Receveur-général, 1592.

RECLAIGE. 1481.

RECOLLECTEUR. 1475.

RÉCOLTE. Médiocre à cause des humidités, 1557.

RÉCOMPENSE. N'est point due pour des réparations de maisons et de vignes, 1600.

RÉCONCILIATION. 1549.

RECONNAISSANCES. 1530. Du Val-de-Travers, 1547. Du Landeron, 1547. Du fief Du Terraux, 1559, 1562. De Boudry, 1595. De la cure de Colombier, 1554. Du fief de Cléron, 1563. Des Verrières, 1658. De la Sagne, 1529. Du Val-de-Ruz, 1599, 1706. Reconnaissances non valables, 1547. Reconnaissances des terres de cures doivent être faites par le souverain, 1594.

RECONVILIER. 884.

RECOURS. Procédure expédiée est sans recours, 1672. Recours du rapport des témoins, 1666.

RECOUSSES. 1373.

RECTEUR. D'école de Neuchâtel, 1539.

RÉCUSATION. De quelques juges des Trois-Etats. Refusée au prince de Conti, 1707.

REDDITION. De gage, 1621, 1686, 1689, 1693.

REDEVANCES. Personnelles des sujets de Valangin avant leur affranchissement, 1406. Redevance des bourgeois de Valangin, 1358, 1369, 1502.

RÉE. Doit être recherché au lieu de sa résidence, 1406, 1516, 1588. Passement doit lui être accordé, 1660.

RÉEMPTION. 1658. Remise au premier dimanche de mars, 1565. Le droit de réemption appartient à l'aîné, 1634. Réemption doit se faire dans l'an et jours, 1634. Réemption des terres au Val-de-Travers, 1414. (V. *Droit de retrait.*)

RÉFLEXIONS. Générales sur le comté de Neuchâtel, 1035.

RÉFORMATION. De Neuchâtel, de Serrière et de la Neuveville, 1530. De Valangin, 1531. De Corcelles, 1531. Du Locle, 1536. Réformation de quatre articles, 1565.

REFUS. De prêter serment aux bourgeois, 1617. Refus de la Cène à ceux qui seront interdits, 1564. Refus de justice, 1571, 1699.

REFUGE. Maison de refuge, 1373. (V. *Asile.*) Refuge du meurtrier, 1406.

RÉFUGIÉS. De Constance à Neuchâtel, 1548. D'Angleterre, 1559. De Savoie, 1590. De France, 1685. Réfugiés à Neuchâtel, 1636.

RÉGALE. 888, 1306, 1348, 1354, 1382.

RÉGENCE. Etablie à Neuchâtel, 1709.

RÉGENTS. De la Suisse, 413, 858, 1032, 1035, 1057, 1077, 1099, 1214, 1284. (V. *Lieutenants-généraux.*) Régent d'un couvent, 1329. Régents d'école, leur examen, 1553. (V. *Maîtres d'école.*)

RÉGENSBERG. 1248.

RÉGIMENT. De Neuchâtel, 1644.

RÈGLEMENTS. Dressés par Charlemagne, 814. Règlement fait pour les ministres, 1594. Des fiefs, 1663. Pour les juges des Trois-Etats, 1668. De dépens, 1683. Pour les ouvrages d'or et d'argent, 1688. Nouveau règlement pour les formalités de la justice, 1698, 1700; qui corrige divers abus, 1703. Des dîmes des montagnes, 1705, 1706. Règlement fait au sujet des vins, 1712.

RÉGULE. 287.

REJECTION. Pour 5 sols dans un testament non nécessaire, 1617, 1681. Rejection des impénitents, 1564.

REINE. D'Ecosse. (V. *Marie de Lorraine.*)

RELEVER. D'un passement contumace, 1553.

RELIEF. 1553. Qui peut les accorder, 1565. Deux reliefs ne peuvent être accordés, 1569, 1669, 1678, 1683, 1701, 1702, 1703, 1706. Relief doit être demandé dans la huitaine, 1666. Relief d'un procès, 1689.

RELIGIEUSES. Leurs biens retournent à leurs parents, 504 art. 22, 1286. Religieuses de Zurich, 852.

RELIGION. Arrêt à ce sujet, 1530. Nouveautés très-dangereuses en fait de religion, 1544. Gouverneur de la religion demandé par la ville de Neuchâtel, 1576. Refusé, 1576, 1618.

RELIQUATS. (V. *Recettes.*)

RELIQUES. Prétendues de St-Anne demandées au roi de France par une députation. Apportées à Berne avec une grande vénération. Leur fausseté découverte, etc., 1518. Le mot reliques retranché du serment, 1531.

REMAISES. 1537, 1547. Clerc condamné pour n'avoir pas dressé la remaise, 1553.

REMARIER. Ne prive pas de l'usufruit, 1593. Quand le divorcié peut se remarier, 1536.

REMARQUES. Sur la Suisse en général, 1214. Sur le comté de Neuchâtel, 1214. Sur les trente articles des franchises, 1214. Sur les actes de bourgeoisie que Neuchâtel a avec Berne, 1406.

REMONTRANCES. Des bourgeois de Valangin, 1681. Faites par les bourgeois de Neuchâtel et Valangin, 1708. Réponse de M. de Metternich, 1708.

RENAN. Village brûlé, 1639.

RENAUD. Renaud I, comte de Bourgogne, assiége Montbéliard, 1044. Renaud II, 1126. Il s'érige en souverain, 1126. L'empereur le fait citer, 1126. Renaud, comte de Montbéliard, épouse Guillemette de Neuchâtel, 1282, 1283. Sa mort, 1321. Renaud, baron de Grandson, 1180. Renaud, seigneur de Valangin, 1232. Renaud, seigneur de Colombier, 1420.

RENÉ. Duc de Lorraine, reçu dans l'alliance des Suisses, 1475. Il leur demande des troupes, 1476. Il revient en Suisse, 1476. Il attaque le duc Charles et remporte la victoire. Il retourne à Berne où il fonde la fosse des ours, 1477. René de Challant, 1502, 1522. Il emprunte une somme, 1526, 1531. Il va à Berne et y fait des plaintes, 1532. Il offre de rendre hommage, 1535. Berne lui envoye des députés, 1535. Il s'oblige à LL. EE. de Berne, 1539. Leur donne des lettres de garantie, 1539. Son testament, 1546. Il est fait prisonnier de guerre, 1554. Il ratifie sa gardance à Berne, 1556. Il est envoyé à Berne, 1556. Il fait porter les images du temple de Valangin au château, 1556. Il est envoyé à Berne, 1557. Ses testaments, 1546, 1557. Sa protestation, 1559. Il érige à Valangin un tribunal souverain, 1560. Sa mort, 1565. René de Nassau. (V. *Nassau.*)

RENÉE. D'Orléans, sa mort, 1515.

RENFORT. De justice, 1560, 1657. Confirmé à Neuchâtel, 1707. Accordé à la Sagne, 1709. Aux justices du comté de Valangin, 1707.

RENIER. Conseiller de la princesse Catherine de Gonzague paraît en conseil de ville. Réponse qui lui est faite, 1617.

RENONCÉS. (V. *Bourgeois forains.*) Leur réunion, 1707.

RENONCIATION. Faite par un traité de mariage est irrévocable, 1674. Un mineur peut faire renonciation, 1693. Renonciation faite dans des actes publics, 1288, 1428, 1432, 1433. Renonciation des bourgeois de Neuchâtel, 1531. Le prince leur rend ce à quoi ils avaient renoncé, 1531. Renonciation des bourgeois externes, 1599. Acte dressé, 1599. (V. *Bourgeois externes.*)

RENOUVELLEMENT. D'alliance entre la France et les Suisses, 1499, 1658, 1663, 1715. Renouvellement de bourgeoisie avec Berne quand il doit se faire, 1406. Cette bourgeoisie renouvelée entre Berne et Neuchâtel, 1417, 1570, 1616, 1693. (V. *Bourgeoisie.*)

RENTE. Rentes du comte de Neuchâtel peu considérables, 1514, 1567.

RENVOIS. Aux justices par les Audiences, 1547. En consistoire seigneurial, 1550. Renvoi de l'investiture du comté de Neuchâtel, 1551. Renvoi en basse justice doit être poursuivi, 1553. D'une journée prise à Berne, 1557. Acte de ce renvoi, 1557. (V. *Délai*, 1672, 1707.)

RÉPARATIONS. Du château, 1214 art. 14, 1454 art. 15. Du temple de Neuchâtel, 1558, 1585. Réparations faites aux maisons, vignes, etc., on n'en doit aucune récompense, 1600, 1629. De maisons, 1700. Réparations publiques devant la face de l'église, refus de les faire, 1547. (V. *Pénitence publique.*) Réparations et entretien de quatorze maisons de cure, 1707. (V. *Maison.*) Réparation pour des injures, 1622.

RÉPARTITION. De la cense due à Berne par les sujets de Valangin, 1627.

REPAS. Action de grâces après le repas, 1542, 1553. Rente accordée pour un repas, 1588. Repas des baptêmes et enterrements défendus, 1616, 1661, 1703.

RÉPONSE. D'un particulier à une lettre sur les conjonctures de l'époque, 1707.

REPRENDRE. Ceux qui reprennent ne doivent pas être outragés, 1553, 1594.

REPRÉSENTATION. Il n'y en a aucune en ligne collatérale, 1642.

REPRISES. 420, 1306, 1340, 1464. De fiefs par les vassaux, 1598. Doubles reprises, 1433. Bourgeois de Neuchâtel exempts de reprises, 1214 art. 26, 27, 1454. Reprise du fief de Valangin, 1571. (V. *Hommage,* 1523.)

REPROCHES. Faits aux Bernois, 1575.

REQUÊTE. Des Quatre Ministraux, 1617. Des bourgeois de Valangin, 1654.

RÉSERVES. En faveur des habitants du comté de Neuchâtel faites par les cantons, 1529.

RÉSIDENCE. Des maires et châtelains nécessaire, 1593.

RÉSOLUTION. Du conseil de ville, 1618.

RESSORT. 1375. Chacun doit être actionné dans son ressort, 1580, 1588. Exception, 1580.

RESSOTELEURS. 1550.

RESTITUTION. Des droits des cures, 1594.

RÉSULTAT. D'une conférence tenue à Arberg, 1618.

RETENIR. Des denrées qu'un bourgeois a achetées sur le marché, est un droit du prince, 1433 art. 3. Retenir une partie pour une autre ne se peut, 1406.

RÉTRACTION. Prétendue de la seigneurie de Valangin, 1583, 1584, 1585, 1625. Le droit de retrait vendu, 1586, 1589. Différend sur la rétraction de la seigneurie de Travers, 1586. Rétraction d'une partie du fief Du Terraux, 1586. Rétraction de Valangin, 1590.

RETRAIRE. Les compersonniers peuvent retraire, 1664.

RÉUNION. (V. Renoncés, 1707.)

REUTES. 1454 art. 35, 1585, 1691.

RÉVÉLER. Les transgresseurs des lois, chacun doit le faire par serment, 1539, 1553.

REVENDIQUER. Les sujets, 1036.

REVENUS. De Fontaine-André et du Prieuré de Motiers quittés aux Quatre Ministraux, 1585. Revenus des fonds. (V. Rapport.)

REVERS. Donnés aux bourgeois de Neuchâtel, 1486, 1533, 1584. Donnés aux bourgeois de Valangin, 1473, 1493, 1496.

RÉVILLOD. Origine de cette famille, 1575.

RÉVISION. De taxe, 1565. D'une prononciation, 1598. Révision jusqu'à la tierce, 1662, 1666. Révision non demandée, on peut faire la taxe, 1666. Une modération a trois révisions, 1671. De même un arbitrage, 1662, 1666. Révision d'un compte, 1671, 1672. De modération, 1676. D'un compromis, 1684.

RHIN. Gelé, 1514.

RIBAUDES. Domestiques, 1536.

RIPAILLE. 1440.

RIVIÈRES. Débordées, 1333, 1372. (V. Inondations.) Rivière non guéable, le voisin est irréprochable pour le dommage qu'elle cause, 1559. Intendants des rivières, 1569.

ROBUR. Château près de Bâle bâti, 365.

ROCHE. Roche mille-et-deux, 1002, 1395.

ROCHEFORT. 1263. Erigé en seigneurie, 1225. Donné par testament, 1373. Confirmé par Jean de Châlons, 1397. Baron de Rochefort, 1406, 1408, 1412. Rochefort retourne au comte Conrad, 1412. Le château démoli, 1412. Son temple bâti, 1651. Rochefort érigé en église, 1644.

ROCHES. 1537.

RODOLPHE. Fils de Raoul II, roi de Bourgogne, 936. Ses terres, ses armes, 948. Il est nommé duc, 961. Rodolphe, comte de Neuchâtel. (V. Raoul. Rollin.) Rodolphe de Hochberg, marquis de Rothelin, 1376. Il est médiateur de paix entre la ville de Bâle et les baillifs du duc d'Autriche, 1405; entre le dit duc et les villes de Berne, Bâle et Soleure, 1409. Son mariage, 1387; sa mort, 1428. Rodolphe de Hochberg, fils de Guillaume, sa naissance, 1430. Son mariage avec Marguerite de Vienne, 1449. La dot de son épouse, les seigneuries qu'il acquiert, 1449. Il lui naît une fille, 1450. Sa généalogie, 1457. Ses offres à Louis de Châlons, 1458. Mort de sa mère, 1458. Il va à Rome, 1459. Il procure cinq cents Suisses au duc de Bourgogne et se met lui-même à son service avec son fils, 1465. Son testament, 1465. Il revient à Neuchâtel, il est médiateur de paix, 1465. Il est établi gouverneur de Lutzelbourg, 1464. Il est employé par le duc de Bourgogne pour faire une alliance avec les Suisses, 1467. Il est arbitre de paix, 1468. Il est neutre dans la guerre de Bourgogne, 1474. Il va à Berne, 1474. A Soleure, 1475. A Bâle, 1475. A Berne, 1476. Il est privé de ses seigneuries de Bourgogne, 1477. Il est convié à Berne, 1486. Son testament, 1486. Sa mort, 1487. (V. Raoul.) Rodolphe, comte de Nidau, sa mort, 1261. Rodolphe, comte de Nidau, est tué, 1339. Rodolphe, comte de Nidau, 1366, 1368. Sa mort, ses titres, ses terres, 1369. Rodolphe, évêque de Bâle, tué, 891. Rodolphe, comte de Hombourg, évêque de Bâle, 1114. Rodolphe d'Erlach, général des Bernois, 1339; remporte la victoire à Laupen, 1339.

ROGER. Evêque de Lausanne, 1173, 1180, 1211. Sa mort, 1219.

ROHAN. (V. Jacqueline de Rohan.) Duc de Rohan. Sa mort, 1638.

ROI. Des Romains, 307. Rois allemands, 347, 360. Rois de Bourgogne, leurs droits, 888. Trois rois assemblés à Orbe, 879, 933. Rois des marchands, 1479, 1507, 1554.

ROLAND. 768.

ROLE. Contenant les franchises, 1453. Rôle des bourgeois renoncés, 1618. De la vendange, 1585.

ROLLIN. Comte de Neuchâtel, fils d'Amédée, sa naissance, 1282, 1286. Il rend hommage à l'empereur, 1288. Et ensuite à Jean de Châlons, 1288. Il assiste Louis, baron de Vaud, 1295. Son mariage, 1299. Il fait la guerre aux seigneurs de Valangin, 1295, 1301. Majeur, 1303. Il se soumet à la protection de l'évêque de Lausanne, 1309. Il se fait bourgeois de Berne, 1307. Il va à Berne, 1310. Il achète des fiefs, 1311. Il s'allie avec Soleure, 1324. Il va en Bourgogne, 1325. Il obtient de dame Béatrix de disposer de son comté, 1325. Son testament, 1337. Sa mort, 1342. Rollin d'Estavayer, 1299.

ROMAINS. Rendus tributaires des Goths, 255. Ils envoient des colonies en Suisse. (V. Colonies.) Traités faits en faveur des Romains qui habitaient en Suisse, 414, 420. Droit romain n'est pas en usage à Neuchâtel, 1705, 1706.

ROMONT. 1452, 1476. Pris, 1536.

RONDE. Ronde-Fontaine, 1382, 1521, 1576.

RONDEAUX. Danses défendues, 1553.

RONDET. 1489.

ROSÉES. Garants des fruits et rosées, 1559. Rosée comme miel, 1554. Rosées, ce que l'usufructuaire en retire, 1593. Rosée d'une vigne taxée, 1684.

ROTHBERG. Fort, 367.

ROTHELIN. 1457, 1543. Généalogie des Rothelin, 1548. François, bâtard de Rothelin, 1562. Philippe d'Orléans, marquis de Rothelin, vient à Neuchâtel, 1699. Sa mort, 1715.

ROTURE. 1628.

ROTURIER. Ne peut pas juger aux Audiences pour un noble, 1553.

ROUAGES. 1372.

ROUGEMONT. Son prieuré fondé, 1080.

ROUSSILLON. Château près de Butte bâti, 871.

ROYAUME. De Bourgogne, son étendue, 888, 1034. Il passe aux empereurs d'Allemagne, 1029, 1035.

ROYÉS. Hommes royés ou royaux, 420, 888, 1139, 1153, 1179, 1209, 1218, 1303, 1329.

RUDE. Bâton, 1502, 1508. En quoi il consistait, 1508.

RUES. Ceux qui sont dans les rues pendant le sermon, 1553. Rue neuve bâtie à Neuchâtel, 1686. Rue des Chavannes, 1034. Les quatre rues font chacune un fond, 1476.

RUFFIENS. Punis, 1536, 1542, 1553.

RUMEUR. Du peuple, 1586.

RUSTIC (St.). Evêque d'Avenches, 407, 415.

RUZ. Val-de-Ruz défriché, son origine, son nom, 1132.

RYSWICK. Traité de paix dans lequel Neuchâtel est compris, 1697.

S

SACHETS. Etablis, 1685.

SACREMENTS. 1539. (V. *Cène*.) Qui doit suspendre du St-Sacrement, 1564.

SACRIFICES. D'hommes abolis, 34.

SAGNE (La). Franchises accordées, 1363, 1372. Gagée pour un setier de vin, 1378. Pâturages accordés, 1399, 1400, 1513, 1560, Franchises accordées, 1411, 1480. Confirmées, 1409, 1427, 1498. Justice de la Sagne, 1429, 1440. Allibérée des fausses brayes, 1449. Ceux de la Sagne doivent deux aides, 1372. La Sagne obtient la protection de Berne, 1476. Accord pour la pension du curé de la Sagne, 1499. La Sagne traite pour ses trop faits, 1505. Allibérée du rude bâton, 1508. Son temple bâti, 1526. Ses pâquiers confirmés, 1567. Maison de cure, 1599. La Sagne obtient un vidimus, 1475. Affranchissement des habitants de la Sagne, 1568. Elle obtient une foire, 1592. Acte du clos de la franchise, 1372, 1669. Délimitation entre le Val-de-Ruz et la Sagne, 1662. La Sagne obtient un renfort, 1709. Difficulté entre la Sagne et les Ponts, 1718.

SAISIS. Prisonniers saisis dans Neuchâtel. 1486. (V. *Prisonniers*.)

SALAIRE. Des justiciers, 1560, 1565, 1569, 1588. Des sautiers, 1560. Des témoins, 1560, 1580. Salaire des juges envoyés aux justices, 1547. Des clercs et des jurés, 1547. Des témoins, des sautiers, des avoyers, des clercs, 1580, 1683. (V. *Deniers*.)

SALINES. 1383. Rente accordée au baron de Grandson sur les salines, 1290, 1383. Saline de St-Hyppolyte abondante, 1505.

SANDOZ. Leur confrérie, 1603.

SANG. Et main mise, 1454 art. 33.

SARRASINS. Passent le Rhin, 938. Se saisissent de Besançon, d'Avenches, etc., 938. Sarrasins, 1542.

SARRUEUX. Bois de la ville de Neuchâtel, ses limites, 1537.

SAUGES. M. de Sauges, 1606.

SAUTERELLES. 811, 1337, 1363, 1477, 1541, 1719.

SAUTIERS. Leurs gages, 1560, 1588. Un sautier ne peut être avoyer, 1565. Leurs émoluments réglés, 1569, 1580, 1622. Ordonnances faites pour les sautiers de la seigneurie de Valangin, 1570.

SAUVAGINE. 1453 art. 18.

SAUVEGARDE. Du comte, 1406.

SAVAGNIER. 1000, 1179, 1223. Les seigneurs de ce lieu, 1349. Savagnier obtient une bulle du pape, 1516. Acquiert un pâturage, 1529. Son temple bâti, 1653.

SAVOIE. Le comte Boniface attaque l'empire, 1252. Prend la ville d'Aoste et le Chablais, 1252. Comte de Savoie prisonnier, 1256. Mort de Philippe I, 1285. Thomas de Savoie, sa postérité, 1285.. Le comte de Savoie établi prince et vicaire du St-Empire, 1310. Il est créé duc, 1416. Mariage de Louis, duc de Savoie, 1433. Jean de Fribourg assiste aux noces, 1433. Mort du duc Amédée, 1471. La France le dépouille de tous ses états, 1536. Mort de Charles-Emmanuel, duc de Savoie, 1630.

SAY. Mont du Say, 1383.

SCEAU. Du souverain de Neuchâtel doit être appliqué aux actes, 1214, 1681, 1689.

SCEL et SCEAU. Scel de la courroie, 1367. La liberté d'en user accordée aux habitants de Boudry, 1531. Sceau requis à Valangin, 1642. En un testament, 1659.

SCHILT. Ecus, 1470.

SCHISME. 1163.

SCHLOSSBERG. Ou Schloss am Berg, bâti, 1284, 1301, 1326, 1368.

SÉCHERESSE. 75, 763, 988, 1121, 1135, 1202, 1252, 1303, 1314, 1362, 1363, 1380, 1404, 1420, 1467, 1536, 1540, 1552, 1567,

1591, 1609, 1612, 1616, 1617, 1646, 1653, 1669, 1681, 1715, 1719.

SECOURS. Que Berne doit à Neuchâtel, jusqu'où il s'étend, 1406, 1486, 1492. Secours demandés à Neuchâtel par LL. EE. de Berne, 1415, 1536, 1653, 1656, 1712.

SECRET. Du consistoire, 1691.

SECRÉTAIRE. Secrétaire général, 1560, 1651. Secrétaire d'Etat peut écrire aux causes du prince, 1569. Secrétaire à la Neuveville, 1624.

SÉDITION. 1553.

SÉDUIRE. Les enfants et domestiques, 1553.

SEDUNUM. Sion, Tome I, page 17.

SEIGNEUR. La justice doit juger des différends entre le seigneur et ses sujets, 1658. Seigneurs par moitié, 1558.

SEIGNEURIES. Sur la Saône données à Ulrich de Neuchâtel, 1202. Seigneurie d'Erguel, 1090, 1330. Seigneuries du comte de Neuchâtel qu'il avait en Bourgogne, 1515. Traité fait sur ce sujet, 1516. Seigneuries de Bourgogne confisquées au comte de Neuchâtel, 1507. Otées à Jean de Châlons, 1392. Vendues, 1405. Seigneuries acquises par les Bernois, 1482. Que possédait la maison de Longueville, 1519, 1543. Différend pour les seigneuries du Brisgau, 1571, 1574, 1576, 1580, 1596. Seigneurie de Bevaix, 1545. De Travers, 1663. Difficulté, 1663. Seigneuries vendues doivent les lods, 1586.

SEL. Donné à l'abbé de Fontaine-André, 1374. Accordé à la ville de Neuchâtel, 1416. Il lui est ôté, 1477. Promis aux Suisses, 1505. L'achat du sel permis aux bourgeois de Berne dans le comté de Neuchâtel, 1406. Difficulté à Neuchâtel pour le sel, 1672.

SELZACH. Fief du comte de Neuchâtel, 1181.

SEMAINE. Jour des six semaines. (V. *Jour*.)

SEMPACH. Bataille, 1386.

SENS. Hors de sens, fondement du divorce, 1550.

SENTENCES. De justices non protestées deviennent souveraines, 1547, 1696. Sentences des Audiences, 1551, 1552, 1557, 1571. Sentence des deux états des Audiences, 1532. Des Trois Etats au sujet d'une bataille, 1559. De Berne contre le prince, 1618. Sentence d'emprisonnement contestée, 1688. Sentence des quatre cantons au sujet de Valangin, 1576. Des neuf cantons, 1584. Sentence contre Béat-Jacob de Neuchâtel, 1611. Au sujet de Gorgier, 1721. Des Trois Etats contre la Classe, 1657; révoquée, 1670. Sentences des Trois Etats absolues, 1628. Sentence à l'égard de Travers, 1663. Contre Monsieur de Mollondin, 1672. Du roi de France, 1674. Sentences rendues en France en faveur de M. le prince de Conti, 1697, 1698. Sentence en faveur des habitants des Ponts, 1720. (V. *Jugement*.) Sentence souveraine, 1707. Acte qui en est donné, 1707. Sentence des Trois Etats, 1707. Sentence re-

jetée par les prétendants et héritiers de la maison de Longueville, 1707.

SÉPARATION. Des biens peut être demandée par tous ceux qui sont indivis, 1662.

SÉPARER. Aucun marié ne doit se séparer, 1550. Consentement à la séparation, 1550. Comment on peut se remarier après la séparation, 1550.

SÉPULTURE. Sonnerie abolie à Neuchâtel, 1564.

SÉQUANIE. 68. Pourquoi elle est nommée Bourgogne, 420.

SEQUESTRE. 1553.

SERFS. 1375.

SERGENTS. 218. (V. *Francs sergents*.)

SERGIS. Ou Sergier. Madame de Sergis, 1584. Elle prétend à la souveraineté de Neuchâtel, 1707. Instance faite de sa part par devant les Trois Etats, 1707.

SERMENT. Du comte aux bourgeois de Neuchâtel, 1214 art. 30. Le comte doit le prêter le premier, 1214, 1707 art. 13. Serment prêté par les bourgeois, 1214 art. 16. Prêté par le comte de Neuchâtel à ses sujets, 1424, 1562. En temps de guerre, 1475. Entre Berne et Neuchâtel, 1406, 1693. (V. *Renouvellement*.) Chacun doit révéler par serment les transgresseurs des lois, 1539. Serment qu'on faisait pour juger aux Audiences, 1469. Mal rendu comment puni, 1454 art. 17. Prêté par le prince à ses sujets, 1454 art. 54, 1531. Obligation de le faire, 1551. Serment en langue romaine et allemande, 842. Du banneret, 1559. Des ministres étrangers, 1531. Des pasteurs, 1564. Des bourgeois de Neuchâtel au prince, 1531, 1707. Changé, 1531. Corrigé, 1537. Du gouverneur, 1531, 1576, 1584, 1628. Des vassaux, 1537. Serment solennel qui se fait en justice matrimoniale, 1547. Des surveillants, 1550. Prêté par les sujets de Valangin, 1550, 1571, 1584. Serment des témoins changé à Neuchâtel, 1617. Serment du seigneur de Valangin à ses sujets, 1550, 1573, 1618. Serment du prince à Berne, 1562. Des anciens d'église, 1564, 1631, 1685. Serment des notaires changé, 1617. De ceux qu'on reçoit bourgeois de Neuchâtel, 1545, 1593. Des hôtes, 1645. Serment prêté dans les comtés de Neuchâtel et Valangin de ne rien recevoir des prétendants, 1707. Prêté par Monsieur de Metternich au nom de S. M., 1707. A Valangin, 1707. A tous les peuples de l'Etat, 1707. Serment entre les parties, 1680. A un tuteur, combien il est dû pour cela à l'officier, 1683. Opposition au serment, 1693. Une fille enceinte doit prêter serment, 1691. Serment non permis, 1693. On doit rendre compte par serment, 1700. Serment que l'évêque de Porrentruy fait à ses sujets, 1705. De cet évêque et de la ville de Bienne, 1610. Serment renouvelé et prêté par tous les officiers du pays, 1708. Les sujets de Valangin refusent de prêter serment, 1576, 1584. Condamnés à le prêter,

entièrement allibérés de l'empire, 1647, 1650, 1653. Privilége des marchands suisses en France, 1470, 1516, 1549, 1565, 1571, 1582, 1594, 1618, 1622. Neuchâtel reconnu par les Suisses, 1630, 1635, 1658.

SUJETS. De la Suisse pouvaient autrefois être revendiqués par leur seigneur, Tome I, page 15. An 1036. Il y avait trois sortes de sujets dans le royaume de Bourgogne, 420, 504. Sujets de la chatellenie de Thielle affranchis, 1568. Action généreuse d'un sujet envers son prince, 1589. Sujets de Valangin ne peuvent être reçus dans le comté de Neuchâtel, 1303, 1547. Sujets de Valangin francs, 1475. La justice doit juger des différends entre le prince et ses sujets, 1558. Sujets de Valangin prêtent serment au comte d'Avy et le comte à eux, 1573. Ils refusent de prêter serment au comte de Tourniel, 1576. Députés de Marie de Bourbon à Berne, 1584. Les sujets de Valangin s'obstinent, 1584. Ils sont condamnés à prêter serment à Marie de Bourbon, 1584. Répartition de la cense due à Berne, 1627. Sujets de Valangin exclus de la judicature, 1641.

SULPICE (St.). Village, réformé, 1545. La forge de St-Sulpice, 1547. Accord avec les Bayards, 1644. Serpent prodigieux, 1373.

SUPÉRIEURS. Doivent être en bon exemple, 1594. On n'en doit pas médire, 1594.

SUPERIUS. Evêque d'Avenches, 537.

SUPERSTITIONS. Des anciens Gaulois, Tome I, pages 7 et 8.

SUPPLICATION. Adressée au pape par des particuliers, 1506. Supplication présentée à LL. EE. de Berne par le conseil de ville de Neuchâtel, 1618. Supplication des bourgeois de Neuchâtel à la princesse, 1617.

SURARBITRE. 1406.

SURINTENDANT. De l'hôpital, 1585.

SURPRISES. En fait de testament condamnées, 1547.

SURVEILLANT. 1547, 1550.

SURVIVANT. Jouit de tout le bien du défunt, 1658. La moitié des accroissances. Il peut retirer son bien tout entier, 1658. Il a la garde des enfants, 1683.

SUSPENSION. Du saint sacrement à qui elle appartient, 1553, 1564. Suspendus doivent être réadmis, 1564. Suspension de l'exécution d'un passement, 1571.

SYNODE. A Grandson, 1532, 1534; à Berne, 1532, 1537, 1549; à Neuchâtel, 1535, 1542, 1551, 1561, 1562, 1603; à Bienne, 1562; à Lausanne, 1538. Utilité des synodes, 1532. Synode national, 1566. Demandé par la Classe de Neuchâtel, 1670.

T

TABLETTES. Mises dans les cabarets, 1580, 1588.

TABLIAUX. 1530.

TAC. Maladie contagieuse, 1411.

TACITE. Claude Tacite, Empereur, 275.

TAILLABLES. On ne peut pas acquérir d'eux des fonds, 1522, 1531. Ils doivent faire reprise de leurs terres, 1214 art. 26. Les jugements rendus par les taillables sont nuls, 1406. Ils sont exclus de la combourgeoisie de Berne, 1475; de la judicature, 420, 1214, 1303, 1406, 1641. Droits du seigneur sur eux, 1303, 1326. Taillables remis au seigneur de Travers, 1413.

TAILLES. Les bourgeois de Neuchâtel en sont francs, 1214 art. 24, 1454 art. 56. Tailles extraordinaires, 1188. Les bourgeois de Boudry en sont quittes, 1343, 1595. Tailles imposées par le seigneur de Colombier, 1532.

TANNEURS. 1639.

TARIF. Renouvelé, 1547, 1665.

TAVANNES. 308. Ravagé, 1367, 1386.

TAVERNAGE. 1373, 1421, 1481.

TAVERNES. Droits du prince sur les tavernes, 1214 art. 8, 1454 art. 8. Il est défendu aux officiers de tenir taverne, 1553; de donner du vin pendant le sermon, 1564. Le nombre des tavernes, 1565. (V. *Cabaret.*)

TAXE. Droits des justiciers qui font une taxe, 1588. Taxe subsiste an et jours, 1630, 1691. Lettre de taxe nécessaire, 1634. La révision non demandée, on peut faire la taxe, 1666. Pour faire déchoir d'une taxe, 1667. Révision de taxe, 1565. Dépens des Trois Etats taxés, 1565. Taxe de biens, meubles et immeubles, 1570. Délivrance de taxe. (V. *Débiteur.*) Taxe valable, 1702. Pièces taxées et subhastées ne doivent être saisies, 1640. Clame sur une taxe, 1672. On doit spécifier la somme avant la clame, 1676. Droit de retrait peut être vendu. Le créancier est obligé de recevoir la somme de l'acquisiteur, 1679. Formalité à observer aux taxes, 1682. Il ne faut que deux justiciers pour faire une taxe, 1683. Rosée d'une vigne taxée, 1684. Pour faire une taxe la somme doit être liquidée, 1686. Taxe du pain et du vin, 1573, 1580, 1588. De la ville de Neuchâtel, 1454 art. 53, 1522.

TAXEURS. Etablis à Valangin, 1580. (V. *Témoins.*)

TÉMOIGNER. Les domestiques ne sont pas admis à témoigner, 1643, 1673. En quel degré de parenté on peut témoigner, 1532.

TÉMOINS. Quand ils peuvent être entendus en secret, 1569. Un seul témoin suffit au prince pour une amende, 1569. Témoins non suspendus par l'appel, 1569. Témoins non parents, 1588, 1662, 1668, 1681. Salaire des témoins, 1560, 1580, 1588, 1622. Comment ils peuvent rapporter, 1580. La seigneurie ne leur doit rien, 1560, 1580. Leur rapport étant recouru ne le peut plus être, 1569, 1666. Témoins, quand non admis, 1569. Cinq ou sept témoins requis en un testament, 1559, 1669. Témoins interrogés en secret, 1580. Témoins requis aux contrats, 1537; aux promesses de mariage, 1536, 1539. Il faut sept témoins pour révoquer un testament, 1547. Témoins doivent être entendus en consistoire, 1547. Témoins aux testaments, leur nombre, 1658, 1659, 1684. Leur serment changé à Neuchâtel, 1617. Ils doivent être au cinquième degré pour fait d'honneur, 1686. Un témoin ne peut pas rapporter contre soi-même, ni contre ses proches parents, 1686. Un avocat et un procureur peuvent être témoins, 1689. Les pasteurs peuvent témoigner et comment, 1691. Cinq ou sept témoins requis en un testament, 1696. Exception, 1681, 1696, 1703, 1704.

TEMPÊTES. 1115, 1118, 1135, 1475, 1576, 1588, 1598, 1626, 1720.

TEMPLE. De Janus, bâti, 72. De la paix, 75. Temples dépendants des évêques, 510. De Genève, bâti, 415. De Payerne, 932. De Moutier-Grandval, 932. De St-Imier, 932. De Lausanne, 985. De Bâle, 1010; sa dédicace, 1019. De Fribourg, 1283. De Berne, 1422. On doit avoir les temples en vénération, 1550; n'en pas sortir avant que le service soit achevé, 1616 art. 23. Temple de Cressier, Tome I, page 14. Du haut à Neuchâtel, 930, 1206; la fête de sa dédicace, 1464; ses réparations, 1558. Temple d'en bas à Neuchâtel, bâti, 1695, 1696. De l'hôpital, ses réparations, 1585. De St-Maurice au Landeron, 1231. Du Landeron, 1324, 1340. De Corcelles, 1409. De Valangin, 1500, 1536, 1558; ce temple accordé aux habitants du bourg, 1563. Temple du Locle, 1506; sa tour, 1521. Temple ou chapitre d'Auvernier, 1477, 1709. De St-Blaise, 1360, 1516. De la Brevine, bâti, 1604. Des Brenets, bâti, 1511. De la Sagne, 1526, 1532. De la Chaux-de-Fonds, bâti, 1518; sa dédicace à St-Hubert, 1527. Temple de Fontaines, bâti, 1530; sa tour, 1686. De Peseux, bâti, 1535; sa tour, 1550. De Bevaix, 1602. De Cortaillod, bâti, 1611. Des Ponts-de-Martel, 1615, 1653. De Serrières, 1635, 1666. De Fleurier, 1621, 1703. De Rochefort, 1651. Des Planchettes, 1698. De Butte, rebâti, 1705. De la Chaux-du-Milieu, 1716. De Dombresson, rebâti, 1696. De St-Martin, 1684. De Bâle, bâti, 1639. De Savagnier, 1653. De Couvet, 1658. De Motiers, 1668. Des Bayards, 1676, 1677. Temple de Neuchâtel frappé de la foudre, 1677; réparé, 1677.

TEMPOREL. Des ministres. Le Conseil d'Etat en est juge, 1582.

TEMPS. Déréglés, 1004, 1137. Temps calme, 1382; favorable, 1647; doux en janvier, 1529, 1530. Temps de la communion, 1539, 1552, 1564. Temps du plaid, 1565, 1566.

TÉNÈBRES. 261.

TENNEMENT. 1340, 1367.

TENUES. 1480. (V. *Dédites.*)

TERCIER. 1403 art. 38. De froment, 1539.

TERME. Perpétuel d'une obligation, 1547. Celui qui taxe avant le terme est condamné aux dépens, 1682.

TERRAGES. 1278, 1403, 1531, 1534, 1562. Abolis, 1574, 1595.

TERRAUX. Ou Du Terraux. Origine de ce nom, 1218, 1301, 1383. La première famille des Du Terraux éteinte, 1391, 1396. En quoi le fief Du Terraux consiste, 1481, 1559, 1576, 1580; 1586, 1607, 1608, 1609, 1643.

TERRES. Appartenaient aux rois, 420. Les terres étaient de différente nature, 1035. Terres données en fief sont franches, 1214 art. 23. Liberté de vendre les terres, 1214 art. 26. Terres chargées de corvées, 1406. Terres des montagnes doivent quatre deniers par faulx, 1440. Terres ajoutées et retranchées au comté de Neuchâtel, 1035. Terres non comprises dans le fief de Châlons, 1311, 1407. Terres en Bourgogne remises par le comte de Neuchâtel, 1452. Autres terres en Bourgogne remises, 1452. Terres de cures, leur délimitation, 1594. Franches de censes et de dîmes, 1594. Terres de fief distraites doivent être réunies au fief, 1540, 1541. Terres vagues, 1562. Terres et seigneuries possédées par la maison de Longueville, 1519.

TERREUR. Panique, 1621, 1712.

TERRIER. 1595.

TESTAMENT. La liberté de donner son bien par testament accordée aux bourgeois de Neuchâtel, 1214 art. 28, 1454 art. 28. Testament de Henri de Cormondrèche, 1281. De Jean, prévôt de Neuchâtel, 1308. Du comte Rollin, 1337. Du baron de Grandson, 1326. De Jean, fils de Louis, comte de Neuchâtel, 1350. Du comte Louis, 1354, 1359, 1373. De Jean de Châlons ainsi que la substitution qui y est ajoutée, 1417. De Jean de Fribourg, 1450. Du Grand-Jacques, 1450; confirmé, 1454. De Rodolphe de Hochberg, 1486. De Philibert de Châlons, 1520. De Jean Bart, curé de la Chaux-de-Fonds, 1529. De Claude d'Arberg, 1517. De René de Challant, 1546, 1557, 1566, 1571. Testament supposé, 1566. De Guillaume Hardy, 1569. De Philibert de Châlons, 1578. D'André de Neuchâtel, 1585, 1589. Du prince, 1663, 1668, 1672. Du roi Guillaume, 1695. Testament militaire, 1544. Testament olographe, 1594, 1706. Fait verbalement et en la présence de témoins, 1628. Un testament ne peut révoquer un traité de mariage, 1629. On ne peut s'exempter du droit d'un autre par un testament, 1629. On ne peut disposer que des

1576, 1618, 1668. Tribunal impérial, 1699.
Proposition faite au sujet de ce tribunal,
1699. Le tribunal souverain s'ajourne, 1707.
TRIBUTAIRE. Valangin écrit à LL. EE. de
Berne pour faire changer ce mot, 1693.
TRIGELTUM. 504 art. 14.
TRIMESTRALES. Assemblées, 1630.
TROP FAITS. Remis à ceux de la Sagne pour
une somme d'argent, 1440, 1464. Recherche
des trop faits, 1505, 1536. Trop faits de
Chaumont, 1562.
TROSSEL. Ou Trousseau, 1573, 1604, 1622,
1642, 1658, 1670, 1676, 1702.
TROUBLER. Défense de troubler les ministres,
1550. L'ordre de l'Eglise, 1553.
TROUBLES. En Suisse, 1241, 1491, 1651.
Troubles causés par les anabaptistes, 1525.
Troubles à Soleure pour la religion, 1530.
A Neuchâtel, 1406, 1409, 1491, 1673, 1694,
1699, 1707. (V. *Désunion.*)
TROUPES. Suisses en Judée, 72, 79. Troupes
de Neuchâtel à Berne, 1415, 1444, 1445,
1446, 1457, 1458, 1475, 1476, 1531, 1624,
1646, 1651, 1653, 1655, 1656, 1712. De
Berne à Neuchâtel, 1492, 1587, 1699, 1708.
De Neuchâtel à Genève, 1530, 1535, 1581,
1589. Au pays de Vaud, 1536. En France,
1562, 1574, 1575, 1576. On ne peut empêcher le départ des troupes, 1575. L'é-
vêque de Porrentruy en demande à Soleure, 1583. Troupes accordées à la France,
1630, 1635, 1660. Refusées, 1666. Troupes
suisses arrivent à Neuchâtel, 1475, 1476.
Troupes de Rothelin, 1476. De Soleure,
1491, 1492. Troupes de Valangin, élections

faites par la seigneurie, 1589. De la *Souabe*
contre le duc de Bourgogne, 1474. La
France demande des troupes aux cantons,
1495. (V. *Secours Alarmes.*) Troupes le-
vées, 1673. A St-Blaise, 1673. Au Landeron,
1546, 1673, 1707.
TRUEBE. Abbaye, 1547,
TRUITES. De Moyson, 1595.
TURCS. Assiègent Vienne, ce que font les cantons à l'égard de l'empire, 1683.
TUTELLE. (V. *Curatelle.*) Tutelles et curatelles sont des offices virils, 1673. Enfants
sous tutelle ne peuvent pas contracter,
1696. Quand la tutelle finit, 1704. Enfants
sous tutelle ne peuvent pas s'obliger, 1706.
Tutelle de Madame la princesse de Conti,
1709.
TUTEURS. Tuteurs et curateurs des princes,
1543. (V. *Curatelles. Curatrices.*) Tuteur
doit rendre compte, 1634, 1681. Son pupile ne peut contracter sans lui, 1642. Tuteur ne peut pas aliéner le bien de ses
pupiles, 1598, 1634, 1681. Les tuteurs sont
nommés par les parents paternels, 1629.
Un tuteur ne peut pas déshériter un pupile,
1547. Les parents peuvent choisir un tuteur, 1581. Tuteur en fait de procès doit
être cité et ses pupiles aussi, 1673. Il ne
peut rien aliéner, 1677; ni exhéréder ses
pupiles, 1677. Pour le serment d'un tuteur,
quel est l'émolument, 1683. Le tuteur doit
être cité, 1684. Femme sans tuteur peut
s'obliger, 1685. On ne doit pas prêter à
des enfants sous tutelle, 1636.
TYRANS. 407.

U

UBERRE. 1537.
UDALRICH. Ou Ulrich, évêque de Bâle, 822,
1021, 1028. Evêque de Lausanne, 802, 812.
ULRICH. St-Ulrich se retire en Suisse, son
origine. Prédiction qui lui est faite, 925.
Il délivre Augsbourg. Il bâtit le temple
et un couvent, 956. Sa mort, 973. Ulrich,
évêque de Bâle, 1026. Ulrich, fils de
Raoul II, comte de Neuchâtel, va dans la
Terre-Sainte, 1175, 1176. Ulrich de Neuchâtel, sa mort, 1248. Ulrich, comte d'Arberg, 1248, 1275. Ulrich de Régensberg,
1265. Ulrich I de Neuchâtel, créé comte
de Fenis et baron de Neuchâtel par l'empereur Conrad duquel il devient vassal,
1034. Son origine, ses armes, 1034. Sa
mort, 1070. Ulrich II, comte de Neuchâtel,
1099; vient demeurer à Neuchâtel, 1118.
Il envoye son fils aux Etats à Bâle, 1130.
Sa mort, 1132. Ulrich III, 1190. Son mariage, 1202, 1209. Ulrich de Porta, ses armes, 1225. Ulrich de Bonstetten, son mariage, 1577.
UNION. Des deux Classes de Neuchâtel et
Valangin, 1592.

URI. Annexé à l'empire, 809. Ses franchises
confirmées, 1291, 1529. Prétentions de ce
canton sur Neuchâtel, 1707.
URS. Martyr, Patron de Soleure, 287. Urs
de Stavey, seigneur de Lully, gouverneur
de Neuchâtel, 1664, 1670. Sa mort, 1678.
URSANE (St). Engagé par l'évêque de Bâle,
1386.
URSULE. Patronne de Zurzach, 288.
URSULINES. A Cressier, 1205.
US. Ne requiert point de caution, 1696. Us
et coutumes de Bourgogne en matière de
fiefs, 504, 888, 1034, 1288, 1289. Us des
Bois, 1595.
USAGES. De vignes, 1411. Usages valent
pendant l'an et jours, 1634. Usages des
biens de l'église, 1594. (V. *Biens.*)
USANCE. De trente ans, 1547.
USTENSILES. En fait de partage, 1642.
USUFRUIT. Prétendu sur le comté de Neu-
châtel, 1373. Prononciation concernant l'usufruit sur le comté de Neuchâtel, 1458.
Traité fait au sujet de l'usufruit sur le
comté de Nidau, 1309. Comment le survivant peut jouir de l'usufruit, 1529. La cou-

tume à cet égard, 1529. La femme qui se déshonore en est privée, 1593. Usufruit d'une seconde femme, 1642. Usufruit du père, 1642. Après la mort d'un enfant, 1663. Faire déchoir d'un usufruit, 1670. Saisi par les héritiers sans figure de justice, 1574. Usufruit pour les acquêts, 1582, 1584, 1604, 1636. Comment on est mésusé et privé de l'usufruit, 1593. Comment il peut être vendu, 1593, 1671. Usufruit sur les meubles, 1671. Jusqu'où il s'étend, 1672. Usufruit d'une veuve lorsqu'il y a des enfants détronqués, 1678. Faire déchoir d'un usufruit, 1679, 1681, 1696, 1706. Armes exceptées de l'usufruit, 1706, 1709, 1712. Usufruit du survivant après la mort des enfants, 1617, 1618, 1662. Usufruit, 1549, 1559, 1574, 1622, 1642, 1650, 1658, 1662, 1674. Usufruitière, 1547.

USURES. Manifestes, 1406. Loi qui les défend, 1522, 1547, 1565, 1594, 1630, 1638.

USURIERS. 1542, 1553.

UTÉRINS. Frères utérins ne s'héritent pas, 1691. Ils sont les plus proches parents maternels, 1692.

V

VACANCES. 1683, 1698.

VAGUES. Lieux vagues, 1562.

VALAIS. Villes de ce pays bâties, Tome I, page 17. Ce pays érigé en souveraineté, 805. Vaincu, 1192. Attaqué, 1206, 1252. Alliance entre Berne et le pays du Valais, 1250, 1475. Conquête, 1536.

VALANGIN. Erection de cette seigneurie, 1132. Le château de Valangin bâti, 1160. Remis au comte de Montbéliard, 1297. Valangin est un fief des comtes de Neuchâtel, 1297. Le bourg de Valangin bâti, 1301. Commencement de la bourgeoisie de Valangin, 1352, 1358. Etablissement d'un banneret et de la justice, 1352. Gibet à trois piliers accordé, 1424. Le seigneur de Valangin se reconnaît vassal et sujet du comte de Neuchâtel, 1424. Le temple de Valangin bâti, 1500, 1536. Traité pour les églises de Valangin et d'Engollon, 1558. Le temple de Valangin accordé, 1563. Journées à Soleure au sujet de Valangin, 1576. Actes concernant Valangin, 1576. Valangin vendu à Marie de Bourbon, 1576. Révoqué, 1576. Vendu encore une fois, 1579. Berne remédie aux désordres de Valangin, 1579. Valangin obtient deux choses de Marie de Bourbon, 1588. La bourgeoisie de Valangin s'érige en corps, 1603. Sa bourgeoisie de Berne, 1475. Qui peut être rachetée, 1475. Valangin ne peut pas prendre une autre bourgeoisie que celle de Berne, 1475. Il faut habiter dans le bourg de Valangin pour avoir part aux franchises, 1401. Le bourg de Valangin obtient des terres et pâturages, 1421. Liberté d'hériter des fonds accordée aux sujets de Valangin, 1427. Revers donnés aux bourgeois de Valangin, 1475. Valangin s'allibère d'une cense, 1487. Serment prêté, 1497. Bourgeois de Valangin créés, 1352, 1358, 1502. Valangin s'affranchit, 1544. La seigneurie de Valangin taxée par LL. EE. de Berne, 1579. Discours adressé aux sujets de Valangin, 1579. Ses sujets demandent un délai. Réponse; réplique; duplique. Ils écrivent au comte d'Avy, 1582. Lettre de la comtesse, 1583. Les bourgeois de Valangin acquièrent un jardin, 1583. Des mutins de Valangin s'opposent à Marie de Bourbon, 1584. Résolution de les soumettre, 1584. Les seigneurs de Valangin, 1132, 1160, 1181, 1195, 1236, 1248, 1275. Le seigneur de Valangin commence la guerre contre Berne, 1338. Procès entre Jeanne, dame de Valangin, et le comte de Gruyère, 1366. Le seigneur de Valangin se fait bourgeois de Berne, 1385, 1401, 1427, 1478. Le seigneur de Valangin envoyé aux cantons, 1492. Partage des seigneurs de Valangin, 1492. Philippe de Hochberg fait main mise sur cette seigneurie, 1499. Valangin est un fief, 1571. (V. Fief.) René de Challant, seigneur de Valangin, envoyé à Lucerne, 1490. La postérité de Guillaume de Valangin dans les Pays-Bas, 1490, 1700, 1715. Seigneur de Valangin envoyé à Berne, 1504. Les chanoines abolis, 1536. Traité pour la souveraineté de Valangin, 1542; qui est vendue, 1542; révoquée, 1542, 1543. Différend entre le seigneur de Travers et des sujets de Valangin, 1557. Le seigneur de Valangin va à Berne, 1566. Berne est juge entre le seigneur de Valangin et ses sujets, 1475, 1566. (V. Madruts.) La princesse y fait construire un pont de pierres, 1609. Abrégé de bourgeoisie, 1613. Promesse du prince à l'égard de la religion, de la bourgeoisie de Berne et de la bannière, 1618. Les bourgeois de Neuchâtel jugent aux Trois Etats de Valangin, 1647. La Classe de Valangin obtient un diacre, 1566. L'église de Valangin confirmée, 1570. Valangin offert à vendre, 1571. Berne refuse de l'acheter, 1571. Offert au prince, 1571; qui refuse aussi, 1571. Ordonnances faites à Valangin, 1565, 1573. Officiers et notaires de Valangin assermentés, 1575. Ambassadeurs de Berne envoyés à Valangin remettent cette seigneurie à Marie de Bourbon, 1579. Prétendue rétraction, 1583. Ratification des cures de Valangin, 1585. Droit de retrait sur la seigneurie de Valangin vendu, 1586, 1589. Valangin député à Berne, 1589. Election des troupes de Valangin faite par la seigneurie, 1589. Valangin proteste, 1589. Avis à Valangin de se tenir prêt, 1590. Le comte de Montbéliard inste pour Valangin, 1590, 1591, 1592. Prévôt des marchands de Valangin, 1599. Valangin prête serment au prince, et lui à eux, 1618. Rétraction prétendue de Valangin, 1625. Valangin obtient d'avoir des officiers du lieu, 1625, 1627. Présente une requête au gouverneur, 1654. Réponse aux dix-huit articles qu'elle contient, 1654. Valangin demande des grains à Berne, 1689, 1698. Valangin érigé en comté, 1707. Dons faits aux sujets de Valangin, 1707. Assemblée des bourgeois de Valangin, 1712. Marché établi à Valangin, 1712. Jour du plaid de Valangin changé, 1713. Remis au samedi, 1713. Tous les sujets de Valangin créés bourgeois, 1713. La bourgeoisie de Valangin emprunte une somme du gouverneur Vallier, 1610. Le prince lui accorde dix points, 1618; qu'il confirme, 1651. Valangin prétend d'exclure le maire de ses assemblées de bourgeoisie, 1652. Valangin inste pour les vins étrangers, 1669. Se plaint des receveurs, 1673. Fait des remontrances, 1681. Différend pour les vins étrangers, 1688. Valangin renouvelle sa bourgeoisie avec Berne, 1693. Il prie LL. EE. que le mot *tributaire* soit changé, 1693. Valangin députe à Paris et obtient 15,000 livres tournoises de la princesse pour faire un fonds, 1698.

VALANUS. Premier évêque de Bâle, 747, 760.

VALDERADE. 563, 861.

VAL-DE-RUZ. Ses habitants sont francs de péage à Arberg et pourquoi, 1271. Hommes du Val-de-Ruz donnés, 1295. Le Val-de-Ruz ravagé par les Bernois, 1386. Ses familles en l'an 1400. Il députe à Berne, 1475; et obtient une lettre de protection et de bourgeoisie, 1475, 1476. Val-de-Ruz délimité d'avec la Sagne, 1662. Il obtient l'abri, 1701.

VAL-DE-TRAVERS. Dépendait des comtes de Bourgogne, 871; dont il était un arrière fief des comtes de Bourgogne, 1218, 1237. Remis à Guillaume, frère de Renaud, comte de Bourgogne, 1153. Remis au comte de Neuchâtel par échange, 1218. Il est érigé en baronnie, 1218. Il demeure fief de Bourgogne, 1218. Délimitation d'avec Grandson, 1218. Château nommé Châtelard, bâti, 1218. Le comte de Neuchâtel en rend hommage à Jean de Châlons, 1218, 1237, 1250, 1267. Il est purifié de fief, 1317, 1354. Il est brûlé, 1366. Le comte Louis rend l'ohmgeld aux habitants du Val-de-Travers, 1369, 1395. Bois bannal accordé aux six communautés de ce vallon, 1567. Leur bochéage rière Grandson, 1520, 1591, 1603. Limites entre Grandson et le Val-de-Travers, 1614, 1627.

VALENTINIEN. Empereur, 364, 375.

VALÉRIEN. Empereur, 255, 262.

VALLIER. Pierre et Jean Vallier anoblis. Leur généalogie, 1524. Leur fief, 1524. Jean Vallier, 1450. Pierre Vallier, établi gouverneur de Neuchâtel, 1584. Sa mort, 1594. Jacob Vallier lui succède, 1596. Il prête à la bourgeoisie de Valangin, 1610. Sa mort, 1623. Pierre Vallier possède trente émines du fief de Cléron, 1628.

VANDALES. Passent le Rhin avec les Bourguignons, 413. Leur religion, 415. Ils viennent habiter le pays des Antuates, 418. Ce que signifie Vandales, 415. Leur origine, 415.

VARENNE. De Nidau, comtesse de Neuchâtel, 1222. Varenne, dame du Landeron, son mariage, 1372, 1373, 1374. Sa mort, 1376. Varenne ou Vérène, patronne de Zurzach, 288.

VARNERIUS. Gouverneur de Bourgogne, 615.

VASSAL. Homme lige, 1303.

VASSAUX. Favres vassaux sont francs, 1214 art. 23. La manière de citer les vassaux aux Audiences, 1551. Leurs contestations pour la préséance, 1559. Ils font reprise de leurs fiefs, 1598. Opposition aux vassaux, 1694.

VAUD. Comment ce pays s'appelait autrefois et pourquoi il fut ainsi nommé, 418. L'empereur Adrien vient au pays de Vaud, 126. Ce comté donné à l'évêque de Lausanne, 1011. Subjugué par le comte de Savoie, 1259, 1260. Baillifs établis, 1270. Erigé en baronnie, 1285; vendue, 1359. Vendition de trois seigneuries au pays de Vaud, 1455. Conquête du pays de Vaud, 1475. Le duc de Savoie confirme les franchises du pays, 1513. Le pays de Vaud engagé, 1530. Pris, 1536. Baillifs de Berne établis dans ce pays, 1536.

VAUDOIS. Persécutés pour la religion viennent dans le comté de Neuchâtel, 1685. Ils retournent dans leur patrie, 1689.

VAUMARCUS ou VALMARCUS. Erigé en seigneurie, 1225, 1248. Fief de Vaumarcus vendu au comte Rollin, 1308. Généalogie de la maison de Vaumarcus, 1308. Vaumarcus en litige, 1350. Echu au comte de Neuchâtel, 1364. Prononciation, 1367, 1375. Cette maison éteinte, 1485. Vaumarcus nommé bourg, 1375. Vaumarcus, 1476. Jean de Neuchâtel le remet au duc Charles, 1476. Il est repris, 1476. Rodolphe de Hochberg s'en saisit par commise, 1477. Il est rendu à Claude de Neuchâtel, 1487. Difficulté pour cette seigneurie, 1563. Traité entre Lancelot et ses fils, 1563. Redevances des sujets de Vaumarcus, 1563. Rentes de cette seigneurie, 1563. Vaumarcus érigé en baronnie, 1595. Procès pour les seigneuries de Vaumarcus et Travers, 1609, 1610, 1611, 1627. Fief de Vaumarcus vendu, 1634, 1656. La maison de Büren l'obtient, 1658. Vaumarcus, 1672, 1673, 1675, 1685.

VAUTHIER. Seigneur de Colombier, 1414. Vauthier, baron de Rochefort, fait un faux acte, 1408. Il est rétabli lieutenant du comté, 1408. Sa fourberie découverte, il est décapité; sa veuve redemande son corps, 1412. Sa postérité, 1412.

VAUTRAVERS. (V. *Val-de-Travers.*) Famille, son origine, 1218, 1301, 1392.

VEILLE. Des trépassés, 1473.

VEILLER. Devoir des pasteurs et anciens, 1616.

VELLEJEAN. Bénéfice du Vellejean, 1428, 1577.

VENDANGES. Avancées, 1328, 1433, Interrompues par une guerre, 1376. Tardives, 1425. Ban des vendanges, 1453 art. 16. Vendanges froides, 1609.

VENDITION. De la souveraineté de Valangin, 1542. Révoquée, 1542, 1543. Vendition de gage, 1214 art. 19. Le consentement du comte était requis aux venditions, 1214 art. 25. La liberté de vendre ses possessions accordée, 1214 art. 25. Venditions de pâturages, 1547. Vendition de Valangin, 1576, 1579. Droit de retrait sur Valangin vendu, 1586, 1589. Vendition du comté de Neuchâtel, 1557. Du Landeron, 1355. Mort, mariage rompent toute amodiation, 1685.

VENDRE. Le comté est offert à vendre aux Quatre Ministraux, 1543, 1550. Princes italiens demandent les comtés à vendre, 1653. Une veuve ne peut vendre ni aliéner, 1662.

VÉNÉRATION. Qu'on doit avoir pour les temples, 1550.

VENISE. Fondée et bâtie, 451. Origine des Vénitiens, 452.

VENTE. Du vin, abus corrigé, 1486, 1487, 1488. Faite par les Quatre Ministraux, 1558. Ventes contestées, 1501. Vente du vin, difficulté à cet égard, 1581. Trois bourgeois du conseil y assistent, 1585. Lods et ventes, 1214 art. 25, 1454 art. 25, 1651 art. 15, 1562. Ventes quittées aux bourgeois, 1531. Poids et ventes, 1454, 1536 art. 49. Le tiers des ventes donné aux bourgeois de Neuchâtel, 1454 art. 42, 1617.

VENTS. Un vent impétueux fait remporter une victoire à Théodose, 392. Vents, 829, 1176, 1410, 1517, 1524, 1561, 1624, 1629, 1645, 1659. Les quatre vents, 1537.

VERCEL. Brûlé, 1378, 1395.

VERGER. Du Locle, 1303.

VERGY. Maison de Vergy, 1396, 1424.

VERMONDIN. 1595.

VERNIER. Evêque de Bâle, sa mort, 1000. Vernier-Fontaines, 1378, 1395. Vernier Schuler, 1382.

VÉROLE. 1618.

VERRE. On n'en doit pas changer, 1594.

VERRIÈRES. Mijoux, Côte-aux-Fées, ce qu'ils doivent au prince, 1337. Leurs franchises, 1340. Allibérés de la taille, 1357, 1371, 1372. Du péage des Bayards, 1376. Les Verrières remises à Girard de Neuchâtel sous le titre de seigneurie, 1372. Remises à Jean et Vauthier, 1373. Leurs limites, 1373. Leurs pâturages, ils sont exempts d'intentes, 1373, 1383, 1400. Les franchises des Verrières confirmées, 1400. Cette seigneurie retourne au comte Conrad, 1412. La dîme des Verrières appréciée en grain, 1412. Les Verrières s'opposent aux intentes, 1473. Ce lieu est dans le diocèse de Besançon, 1480. Les habitants des Verrières, de Joux et des Fourgs se font bourgeois de Neuchâtel, 1510. La Ronde-Fontaine, 1516. Les habitants des Verrières obtiennent un vidimus des ambassadeurs des ligues, 1524. Ce que les habitants doivent au prince, 1524. Plaintes du meunier de St-Sulpice contre les habitants des Verrières, 1525. (V. *Allemands. Jeunes gens. Fraize. Ronde-Fontaine.*) Mandement au maire des Verrières concernant la religion, 1534. Les franchises des Verrières confirmées, 1556. Deux bois accensés, 1563, 1576. Dîmes des Verrières abonnées, 1592. Bois bannal accensé, 1591. Dîme des Verrières appréciée en argent, 1610. La princesse leur accorde deux foires, 1610; des halles, 1610. Confirmation de ces actes, 1613. Douzains, 1613. Accensement de deux forêts, 1614, 1618. Traité fait avec la Classe confirmé par le prince, 1630, 1637, 1640, 1658, 1668. Un marché accordé aux Verrières, 1669. Ils payent l'aide, 1669. Moulin, 1671, 1673, 1680, 1708, 1714.

VERS. Volants, 1090. Vers cités par l'évêque de Lausanne et jugés, 1479. Vers dans le vinaigre, 1626. Vers qui rongeaient les racines, 1670. Vers excommuniés, 1478.

VERTRADE. Reine, femme de Pepin, 768.

VESPASIEN. Empereur, 70. Il aime les Suisses et en mène en Judée, 72. Son avarice, 75. Sa mort, 79.

VÊTEMENTS. Modestes, 275, 1661, 1681, 1686.

VÉTRANION. 350.

VEUVE. (V. *Femme.*) Veuve et son tuteur doivent être cités, 1673. Comptes pour des veuves, 1683. Le cautionnement d'une veuve est valable, 1690. En quoi consiste son usufruit, 1636. Elle ne peut aliéner, 1662, 1670; ni s'obliger valablement, 1665.

VIAGÈRES. Pensions viagères, 1681. Lettres viagères, 1696. Censes viagères, 1537.

VIAISONS. 1403.

VIANDE. A bas prix, 1527.

VICAIRE. De l'empire en Suisse, 1209.

VICARIAT. Des trois évêchés de Lausanne, Genève et Sion révoqué, 1162, 1356, 1366.

VICES. Des pasteurs sont différents, 1564.

VICTOIRES. Admirables, 1339, 1386, 1474, 1476, 1477, 1499. Treize victoires remportées par les Suisses, 1499, 1535.

VICTOR. Martyr, 287. Ses reliques, 415.

VICTUAILLE. En fait de succession, comment on en use, 1573, 1593, 1604, 1612, 1658, 1672, 1706.

VIDAME. 1531.

VIDETRA. Route, 1132.

VIDIMUS. 1340, 1343, 1363, 1453, 1454, 1477, 1524. Accordé au Landeron, 1374. A Valangin, 1406. A la Sagne, 1412, 1475,

W

WALDO. Evêque de Bâle, 806.

WALPERSWYL. Lieu de réunion dans le traité entre Berne et Neuchâtel, 1406.

WALTHER. De Rothelin, évêque de Bâle, déposé, 1215.

WARTEMBERG. Nommé gouverneur héréditaire de Neuchâtel. Il demande son congé, 1711. Sa mort, 1712.

WATTEVILLE. Jean-Jacques de Watteville acquiert la seigneurie de Colombier par des mariages, 1513. Il va en Italie, 1515. Sa mort, 1560. René de Watteville remet sa part à son frère, 1528.

WAVRE. Sa chapelle bâtie, 1179. Ce lieu défriché, 1335, 1371.

WEIMAR. Le duc de ce nom, général des Suédois, entre dans l'évêché de Bâle, 1637. Il prend un otage, 1645.

WELPHE. Duc de Bavière, gouverneur de Zurich, 1137, 1165.

WESTERHOLZ. 1452.

WESTREICH. Ou Austrasie, royaume d'Occident, 563.

WIBBERADIS. Sa prédiction à St-Ulrich dans l'abbaye de St-Gall, 925.

WIDERFALL. 1681, 1696.

WILLISAU. Appartenant au seigneur de Valangin, brûlé, 1375, 1386.

WINDISCH. (V. *Vindonisse*.)

WINTERTHOUR. Tome I, page 12. Ruinée par les Allemands, 290. Rebâtie, 304. Détruite, 451.

WUFFLENS. Marguerite de Wufflens, 1370.

WUNTERBERG. Prieur de Môtiers, 1475.

Y

YOLANDE. Comtesse de Neuchâtel, 1202, 1217.

YVERDON ou IVERDON. Tome I, page 12.

Traité fait à Yverdon, 1260. Le château bâti, 1260. Yverdon pris, 1475 ; repris, 1476. Pris par les Bernois, 1536.

Z

ZERINGEN ou ZÆRINGEN. Berthold bâtit le château de ce nom, 1059. Origine de cette maison, 1059. Berthold IV, régent de Bourgogne, obtient trois évêchés, 1153. Il va en Italie, 1160. Il bâtit Fribourg, 1178, 1179. Sa mort, 1185. Berthold V bâtit Berne, 1191. Complot contre lui, 1191. Il quitte la Suisse, 1215. Sa mort, ses titres, ses armes, 1218.

ZURICH. Tome I, page 5. Ruinée par les Allemands, 290, 452. Le gouverneur de la Suisse y résidait, 288. Pourquoi elle est nommée Zurich, 452. Zurich rebâtie, 500.

Donnée à Hildegarde et à Berthe, 853. Réserve, 853. Rebâtie, 879. Ses gouverneurs, 1088, 1121, 1138, 1169, 1185, 1250. Conspiration contre cette ville, 1351. Elle se cantonne et obtient la préséance, 1351. Attaquée par l'empereur, 1354. Le comte Louis se joint à lui, 1354. Zurich achète son gouvernement, 1400. Refuse les indulgences d'un cordelier, 1528. Député à Zurich, 1707. La poste de Zurich, 1708.

ZURZACH. Ste-Vérène, sa patronne, 288.

ZWINGLI. Réformateur, 1518. Il est tué, 1531.

FIN DE LA TABLE.

LISTE SUPPLÉMENTAIRE

EXEMPL.	NOM DES SOUSCRIPTEURS,	DOMICILE.
1	M. Banderet, Boulanger	Colombier.
1	» Henri Bovet, à Vaudijon	»
1	» Wutrich, Propriétaire	»
1	» Emile Henry, Instituteur	Cortaillod.
1	» Henri Moulin	»
1	» Jules Monnier	Dombresson.
1	» Jérome-Henri Tripet	»
1	» Buchanel, Président de la commune	Fontaines.
1	» Jean-Henri Lavoyer, Fabricant d'échappements	»
1	» Achille Peseux, Géomètre	»
1	» Justin Morel, Négociant	Hauts-Geneveys.
1	» Elie Bovet	Locle.
1	» William Calame au Communet	»
1	» Albert Guéret	»
1	» L.-Ph. Huguenin	»
1	» Aurèle Huguenin, Négociant	»
1	» Jules Humbert-Droz	»
1	» Aug. Jeanneret, à Bellevue	»
1	» Jeanneret-Barrelet, Propriétaire	»
1	» Alfred Jeanneret	»
1	» H.-L. Mathey	»
1	» Aug. Matile, Graveur	»
1	» Jules Perrenoud-Jacot	»
1	» George Roulet, Etablisseur	»
1	» Ul. Soguel-dit-Piquard, Graveur	»
1	» Aichler, Propriétaire	Neuchâtel.
1	» Alph. Bachelin, Notaire	»
1	» Samuel-Louis Bonjour, agent d'affaires	»
1	» Eugène Borel, Avocat	»
1	» Auguste Lerck	»
1	» Louis Matthieu, Pharmacien	»
1	» François de Montmollin	»
1	» Gustave Oehl, membre du Grand-Conseil	»
1	» Louis Pury-Blakevay	»
1	» Henri de Rougemont	»
1	» Fréderic de Rougemont	»
1	» Roulet, Chef d'institution	»
1	» Aug. Junier, Notaire	Saint-Blaise.
1	» Daniel Dessaules, Instituteur	Saules.
1	» Paul-Fréd. Droz, Instituteur	Savagnier.

B. SOUSCRIPTIONS DANS LES AUTRES CANTONS.

EXEMPL.	NOM DES SOUSCRIPTEURS.	DOMICILE.
1	M. Louis Humbert-Prince	Bienne.
1	» L'Eplattenier, Propriétaire	»
1	» J.-P. Claudon, au Délassement	Moudon.
1	Tit. Bibliothèque publique (M. J. Chavannes, Bibliothécaire)	Vevey.
1	M. Tripet, Etablisseur	Villeret.

BERNE. — Imprimerie C.-J. WYSS.